ASSOCIATION MINIÈRE D'ALSACE ET DE LORRAINE

RECUEIL DES PRINCIPAUX TEXTES

intéressant

L'INDUSTRIE MINIÈRE
d'ALSACE et de LORRAINE

Rassemblés par le Service des Mines d'Alsace et de Lorraine

PREMIÈRE PARTIE

LÉGISLATION DES MINES

ASSOCIATION MINIÈRE D'ALSACE ET DE LORRAINE

RECUEIL DES PRINCIPAUX TEXTES

INTÉRESSANT

L'INDUSTRIE MINIÈRE D'ALSACE ET DE LORRAINE

RASSEMBLÉS PAR LE SERVICE DES MINES D'ALSACE ET DE LORRAINE

PREMIÈRE PARTIE

LÉGISLATION DES MINES

TABLE DES MATIÈRES

PREMIÈRE PARTIE

LÉGISLATION DES MINES

Décret du 24 décembre 1921

portant **modification de la législation minière** applicable dans les départements du **Haut-Rhin**, du **Bas-Rhin** et de la **Moselle**.

Article 1er. — La loi du 9 septembre 1919, sur les concessions de mines, est rendue applicable dans les départements du Haut-Rhin, du Bas-Rhin et de la Moselle, sous réserve des modalités ci-après :

1° La fin de la concession entraînera l'extinction de tous droits hypothécaires et autres droits réels; les juges chargés de la tenue des livres fonciers devront en opérer la radiation sur le vu de la décision ministérielle refusant de renouveler la concession ou en prononçant la déchéance ;

2° Des décrets délibérés en Conseil d'Etat détermineront les conditions d'application, dans ces trois départements, des règlements d'administration publique pris en exécution de ladite loi et notamment les modifications qui, pour les adapter au régime local, devront être apportées aux clauses qui doivent figurer en vertu de l'article 2 dans le cahier des charges.

Article 2. — Les articles 3, 3¹ et 13 à 38 inclus, de la loi locale sur les mines du 16 décembre 1873, modifiée par les lois des 8 décembre 1909, 23 août 1912 et 25 juin 1913, sont abrogés.

Article 3. — La recherche dans leur gisement actuel des minerais énumérés à l'article 1er de la loi locale du 16 décembre 1873, est libre, sous réserve des prescriptions des articles 4¹, 4², 5 à 12 inclus de ladite loi.

L'article 4 de ladite loi est abrogé en ce qu'il a de contraire à la présente disposition.

Article 4. — Les permis de recherches délivrés antérieurement au présent décret sont valables jusqu'à leur expiration.

Les demandes de concessions de mines adressées à ce jour à l'administration des mines sont soumises aux prescriptions du présent décret, sans préjudice de l'examen des titres que le demandeur pourrait éventuellement invoquer comme antérieurement acquis en vertu des articles 23 et 24, désormais abrogés, de la loi du 16 décembre 1873 susvisée.

Article 5. — Les articles 59 à 73 inclus et 164 à 182 inclus de la loi locale sur les mines du 16 décembre 1873 susvisée sont abrogés.

Toutefois sont maintenues provisoirement en vigueur les dispositions de l'article 169, pour ce qui concerne l'application de l'article 124 de la même loi.

Article 6. — Les articles 47, 48, 49, 50 et le premier paragraphe de l'article 82 de la loi du 21 avril 1810 susvisée sont rendus applicables aux départements du Haut-Rhin, du Bas-Rhin et de la Moselle, sous réserve des dispositions transitoires de l'article 13 du présent décret.

Article 7. — Sont rendus applicables aux départements du Haut-Rhin, du Bas-Rhin et de la Moselle :

1° Le décret du 3 janvier 1813 sur l'administration et la police des mines, à l'exception des articles 1, 2, 3, 4, 8, 9, 12, 18, 25, 26, 27, 28 et 29, et sous réserve que sont réputés supprimés à l'article 10 les mots « dans les formes établies par l'article 37 du décret impérial du 18 novembre 1810 »;

2° Le décret du 14 janvier 1909 réglementant l'exploitation des mines sous réserve que les références de la loi du 27 avril 1838 sont réputées non écrites.

ARTICLE 8. — L'article 10 de la loi du 27 avril 1838 relative à l'assèchement et à l'exploitation des mines est rendu applicable aux départements du Haut-Rhin, du Bas-Rhin et de la Moselle.

Les articles 134 à 138 inclus de la loi susvisée du 16 décembre 1873 relatifs à la procédure de déchéance des concessionnaires sont abrogés. Toutefois les articles 136, 137 et 138 continueront à s'appliquer en ce qui concerne l'exécution des disposition de l'article 139 relatif à la renonciation volontaire.

ARTICLE 9. — Les articles 183 à 185^{2} inclus de la loi locale du 16 décembre 1873 susvisée sont abrogés et remplacés par les dispositions des articles 93, 95 et 96 de la loi du 21 avril 1810.

ARTICLE 10. — Dans les articles 92 (3e alinéa) et 114 (2e alinéa) de la loi locale sur les mines du 16 décembre 1873 susvisée, la condition du domicile en Allemagne est remplacée par la condition du domicile sur le territoire français.

ARTICLE 11. — Est rendu applicable aux départements du Haut-Rhin, du Bas-Rhin et de la Moselle le décret du 23 octobre 1852 sur les réunions de concessions de mines.

ARTICLE 12. — Est rendu applicable aux départements du Haut-Rhin, du Bas-Rhin et de la Moselle l'article 138 de la loi du 13 juillet 1911 sur les cessions et amodiations de mines.

ARTICLE 13. — Jusqu'au rattachement du Service des Mines d'Alsace et de Lorraine au Ministère des Travaux Publics, les dispositions transitoires suivantes seront appliquées :

1° Le Commissaire Général de la République à Strasbourg constituera l'autorité minière supérieure prévue par la loi locale sur les mines du 16 décembre 1873 susvisée ;

2° Dans tous les cas où les textes introduits par les articles 6 et 7 du présent décret prévoient une décision ministérielle, cette décision en sera rendue sur l'avis du Commissaire Général de la République ;

3° Toutes les fois qu'il devra être statué par décret sur une question relative à l'exécution du présent décret, l'avis du Commissaire Général de la République sera joint au dossier.

Loi sur les mines *du 16 décembre 1873*
pour l'**Alsace-Lorraine**

(avec les modifications qui résultent des lois du 8 décembre 1909, du 23 août 1912, du 25 juin 1913 et du décret du 24 décembre 1921).

TITRE Ier

DISPOSITIONS GÉNÉRALES

ARTICLE PREMIER. — Les matières minérales énumérées ci-dessous échappent au droit de libre disposition du propriétaire foncier.

Leur recherche et leur exploitation sont soumises aux prescriptions de la présente loi.

Ces matières minérales sont :

L'or, l'argent, le fer (sous réserve des limitations indiquées à l'article 2 de la présente loi), le plomb, le cuivre, l'étain, le zinc, le cobalt, le nickel, l'arsenic, le manganèse, l'antimoine et le soufre, natifs ou à l'état de minerais ;

Les minerais d'alun et de vitriol ;

Le charbon de terre, le lignite, le graphite et le bitume (*23.7.12*) ;

Le sel gemme, les sels de potasse, de magnésie, les borates ainsi que les autres sels qui se trouvent dans les mêmes gites et les sources salées.

ARTICLE 2. — L'exploitation à ciel ouvert des minerais de fer appartient au propriétaire foncier, pourvu qu'elle ne rende pas impossible — pour des raisons techniques ou administratives — l'exploitation souterraine des minerais de fer situés au-dessous d'eux.

ARTICLES 3 et 3_1. — (*Supprimés par le décret du 24.12.21*).

TITRE II

DE L'ACQUISITION DE LA PROPRIÉTÉ MINIÈRE

1re Section

Des recherches

ARTICLE 4. — *L'article 3 du décret du 24 décembre 1921 a rendu libre la recherche des minerais sous réserve des prescriptions des articles 4, 4_1 et 5 à 12 de la présente loi.*

ARTICLE 4^1 (*25.6.13*). — Les prescriptions énumérées aux titres VIII et IX de la présente loi (relativement à l'administration et à la police des mines) s'appliquent intégralement à la recherche des minerais (1).

L'Autorité Minière Supérieure peut édicter des règlements de police contraignant le prospecteur à rendre compte à l'Administration, dans un certain délai, de la mise en train et de l'interruption des travaux de recherche. En outre, l'Autorité Minière Supérieure peut, par des règlements de police, et en tenant compte des modifications survenues dans les travaux de recherche, étendre à ces travaux l'application des articles 61 à 64 et des articles 66 à 71.

ARTICLE 4_2 (*25.6.13*). — Les fonctionnaires du Service des Mines sont tenus de garder le secret sur les faits qui sont parvenus à leur connaissance dans l'exercice de leurs fonctions.

ARTICLE 5. — Les recherches sont absolument interdites sur les places publiques, dans les rues, sur les chemins de fer, et dans les cimetières.

Pour d'autres terrains, les recherches peuvent être interdites par décision de l'Administration lorsque des raisons majeures d'intérêt public s'y opposent.

Les recherches sont interdites sous les bâtiments ; dans les terrains y attenant et appartenant au même propriétaire, jusqu'à soixante mètres ; dans les jardins et dans les cours clôturés, à moins d'un consentement formel du possesseur.

ARTICLE 6. — Celui qui veut se livrer à des recherches, dans un terrain appartenant à un tiers, doit en demander l'autorisation au possesseur.

A l'exception des cas prévus par l'article 5, le possesseur, qu'il soit propriétaire ou usufruitier, doit autoriser les recherches dans son terrain.

ARTICLE 7. — Celui qui entreprend des recherches est tenu de payer à l'avance, au possesseur du terrain, une indemnité annuelle le dédommageant entièrement de sa privation de jouissance, et de restituer le terrain lorsqu'il a fini de s'en servir. Lors de la restitution, il doit également indemniser le

---

(1) Voir également à ce sujet l'article 17 du décret du 14 janvier 1909, page 11 de la Deuxième Partie.

possesseur pour la dépréciation occasionnée par les travaux. Comme garantie de cette dernière obligation, le possesseur du terrain peut exiger de celui qui fait les recherches, au moment où il lui cède le terrain, le dépôt d'une caution suffisante. Dans ce cas, le propriétaire du terrain peut aussi demander que l'auteur des recherches, au lieu de rembourser la plus-value du terrain, en acquière la propriété.

Article 8. — Les droits reconnus au propriétaire du sol, dans les articles 118 et 119 vis-à-vis du concessionnaire de la mine, lui sont également acquis vis-à-vis de l'auteur des recherches.

Article 9. — Si l'auteur des recherches ne peut s'entendre à l'amiable avec le possesseur du terrain, pour l'autorisation d'y faire ses travaux, l'Administration décide par un arrêté si les recherches peuvent être entreprises et dans quelles conditions elles peuvent l'être.

L'Administration ne peut refuser cette autorisation que dans les cas prévus à l'article 5.

Elle fixe l'indemnité et la caution à verser (art. 7), lorsque les intéressés n'ont pas pu s'entendre à l'amiable, sauf recours par la voie judiciaire.

Les frais de la procédure sont, en première instance, à la charge de celui qui fait les recherches, en deuxième instance à la charge de la partie condamnée.

Article 10. — Le recours judiciaire, lorsqu'il n'est adopté que pour la fixation de l'indemnité ou de la caution, n'empêche pas de commencer les recherches, pourvu que l'indemnité ou la caution aient été payées à l'avance ou, en cas de refus, déposées judiciairement.

Article 11. — Dans les terrains appartenant à une autre concession minière, on peut rechercher les minerais sur lesquels le concessionnaire n'a pas encore de droits acquis.

Si ces recherches compromettent la sécurité des travaux ou l'exploitation régulière de ces mines, l'Administration doit les interdire. Le possesseur de ces mines peut exiger que l'auteur des recherches dépose une caution suffisante avant le commencement de ses travaux, comme garantie de l'indemnité éventuellement due par lui.

Les dispositions des articles 9 et 10 s'appliquent à cette caution.

Article 12. — L'auteur des recherches a le droit de disposer des minerais (art. 1) extraits au cours de ses travaux, en tant que des tiers n'ont pas déjà des droits acquis sur ces produits.

En ce qui concerne les impôts miniers, il doit se conformer aux prescriptions relatives aux mines.

2e et 3e Sections.

Des demandes en concession et de l'Octroi des concessions.

(*Les articles 13 à 38 ont été abrogés par le décret du 24. 12. 21. Les dispositions actuellement en vigueur sont celles du décret du 31 août 1920 reproduites page 52*).

4e Section.

De l'arpentage.

Article 39. — Le concessionnaire a le droit de réclamer l'arpentage et le bornage officiels du terrain déterminé par l'acte de concession.

Les propriétaires de concessions contiguës ont le même droit.

Ce travail est exécuté, sous la Direction du Service des Mines, par un arpenteur des Mines ou un géomètre accrédité auprès de l'Autorité Minière Supérieure.

Les frais sont à la charge de celui qui a réclamé ce travail.

Article 40. — En outre du concessionnaire, les représentants des mines limitrophes et les possesseurs des terrains sur lesquels doivent être posées les bornes, sont invités à prendre part à l'arpentage et au bornage.

Les possesseurs des terrains sont tenus d'en permettre l'accès et d'autoriser la pose des bornes, moyennant indemnisation complète du dommage causé.

TITRE III

DE LA PROPRIÉTÉ DES MINES

Ire Section.

De la propriété des Mines en général.

Articles 41 à 43. — (*Abrogés par la loi du 25. 6. 13*).

Article 44. — Le concessionnaire a le droit exclusif de rechercher et d'exploiter, conformément aux prescriptions de la présente loi, le minerai désigné dans l'acte de concession, ainsi que de prendre toutes les mesures nécessaires, soit au fond, soit au jour.

Ce droit s'étend également aux déblais d'anciennes exploitations situés dans le périmètre de la concession.

Article 45. — S'il se trouve, dans les limites de la concession, outre le minerai concédé, un autre minerai, dans des conditions telles que, de l'avis de l'Administration et pour des raisons d'exploitation ou de police des mines, les deux minerais doivent être exploités ensemble, le concessionnaire peut faire une demande en concession à cet effet et jouit à cet égard d'un droit de préférence opposable à tous les tiers.

Si une demande est faite par un tiers, pour la concession de ce deuxième minerai, il en est donné avis au concessionnaire. Celui-ci doit alors déposer une demande dans un délai de quatre semaines à compter du jour de l'avertissement ; passé ce délai, son droit de préférence est prescrit.

Le concessionnaire n'a aucun droit de préférence relativement à d'autres minerais qui ne sont pas dans l'état de connexité prévu ci-dessus.

Article 46. — Si le droit d'exploiter divers minerais dans le même périmètre appartient à des concessionnaires différents, chacun d'eux a le droit, en exploitant régulièrement son minerai, d'extraire également celui de l'autre partie, si, de l'avis de l'Administration et pour les raisons exposées à l'article 45, l'extraction séparée de ces deux minerais est impossible.

Cependant les minerais ainsi exploités et appartenant à l'autre partie doivent être délivrés à celle-ci sur sa demande, contre remboursement des frais d'extraction et d'exploitation.

Article 47. — Le concessionnaire est autorisé à utiliser, pour les besoins de son exploitation, les minerais ne figurant pas à l'article 1 et obtenus par lui dans l'exploitation de sa concession, sans avoir aucune indemnité à payer au propriétaire du sol.

Si ces minerais ne sont pas utilisés comme il est dit ci-dessus, le concessionnaire est obligé de les livrer au propriétaire du sol, sur sa demande, contre remboursement des frais d'exploitation et d'extraction.

Article 48. — Le concessionnaire est autorisé à construire et à mettre en activité les établissements nécessaires à la préparation mécanique des produits de son exploitation.

Article 49. — Le concessionnaire est autorisé à faire des travaux de secours dans les terrains non concédés.

Il peut également exercer ce droit, dans le périmètre d'autres concessions, pourvu que ces travaux de secours ne servent qu'à assurer l'exhaure et l'aérage, ou à améliorer les conditions d'exploitation de la mine au profit de laquelle ces travaux sont exécutés, et qu'il n'en résulte pas une gêne ou un danger pour les autres concessions.

(25. 6. 13.) Les travaux de secours sont considérés comme appartenant définitivement à la mine intéressée, ou aux mines intéressées, si les exploitants de deux ou plusieurs mines se sont réunis pour l'exécution commune d'un travail de secours et s'ils n'ont fait aucune autre convention.

ARTICLE 50. — Lorsque l'obligation de laisser exécuter des travaux de secours est contestée par le propriétaire d'une concession, dans le périmètre de laquelle ces travaux sont projetés, l'Administration des Mines en décide sans qu'il y ait possibilité de recourir à une action judiciaire.

ARTICLE 51. — Celui qui exécute des travaux de secours dans un terrain concédé à un autre propriétaire de mine doit dédommager entièrement celui-ci pour le dommage causé par les travaux.

ARTICLE 52. — Les minerais (art. 1) extraits au cours de l'exécution d'un travail de secours, dans un terrain non concédé, sont considérés comme faisant partie des matières extraites de la mine au profit de laquelle ce travail est fait.

Si au contraire les minerais sont extraits dans un périmètre déjà concédé à autrui et si ces minerais sont ceux pour lesquels la concession a été accordée, ils doivent, sur demande du propriétaire de cette concession, lui être remis gratuitement.

ARTICLE 53. — Le concessionnaire est autorisé à demander la cession des terrains nécessaires aux besoins de son exploitation minière (art 44 à 49) d'après les prescriptions détaillées du titre V.

2e Section.

De la fusion, du partage et de l'échange des concessions (1).

ARTICLE 54. — La fusion de deux ou plusieurs concessions en un seul tout — « Konsolidation » — est subordonnée à l'approbation de l'Autorité Minière Supérieure (art. 57).

ARTICLE 55. — Pour réunir plusieurs concessions, il faut produire :

1° Un acte de fusion notarié qui, selon le cas, est un contrat ou une résolution des intéressés ou une déclaration du propriétaire unique ;

2° Un plan de l'ensemble des concessions, dressé en deux exemplaires par un arpenteur des Mines ou un géomètre agréé par l'Autorité Minière Supérieure ;

3° L'indication du nom donné à l'ensemble des concessions réunies.

ARTICLE 56. — Lorsqu'une des concessions à réunir est grevée de privilèges, d'hypothèques ou d'autres droits réels, il faut produire, outre l'acte de réunion, une convention passée avec les ayants droit, indiquant que leurs droits s'étendent à l'ensemble des Concessions réunies et spécifiant l'ordre dans lequel ils prennent rang.

ARTICLE 57. — S'il n'existe pas de créanciers privilégiés ou hypothécaires ou de personnes ayant des droits réels, ou si la convention indiquée à l'article 56 est produite, l'Autorité Minière Supérieure statue sur l'approbation à donner à la réunion des concessions.

L'approbation ne doit être refusée que si les diverses concessions ne sont pas contiguës ou si des raisons d'intérêt public s'y opposent.

(1) Voir également à ce sujet :
1° le décret du 23 octobre 1852, page 62.
2° l'art. 138 de la loi du 13 juillet 1911, page 63.

Les actes de concession des diverses mines sont joints à l'acte d'approbation.

ARTICLE 58. — Le partage réel d'une concession minière en concessions indépendantes, ainsi que l'échange de parties de concession entre des mines contiguës, sont subordonnés à l'approbation de l'Autorité Minière Supérieure.

Lorsque des privilèges ou des hypothèques ou d'autres droits réels grèvent les concessions intéressées, il doit être produit un acte constatant que les ayants droit consentent au partage ou à l'échange de ces concessions.

L'approbation ne doit être refusée que si des raisons majeures d'intérêt public s'y opposent.

Elle est donnée en tenant compte de la procédure résultant de l'application, aux cas précités, des articles 55 et 57.

Lors de l'échange des parties de concessions, les droits des créanciers privilégiés et hypothécaires et des autres personnes ayant des droits réels sur l'une des concessions, passent directement, par le seul fait de la certification de l'Administration, sur la partie réunie à cette concession ; la partie cédée d'une concession est au contraire libérée de ces mêmes créances.

3e *Section.*

De l'exploitation et de l'administration des mines.

(Les articles 59 à 73 ont été abrogés par le décret du 24. 12. 21.: les dispositions actuellement en vigueur sont celles des articles 47 à 50 et 82 de la loi du 21 avril 1810 et des décrets des 3 janvier 1813 et 14 janvier 1909, voir pages 36 de la présente loi et pages 5 et 8 de la deuxième partie).

4e *Section* (8. 12. 09.)

Des ouvriers mineurs et des employés de l'exploitation.

ARTICLE 74. — Le contrat de travail entre les exploitants de mines et leurs ouvriers est réglé par les dispositions du droit commun, sauf les dérogations prévues ci-dessous.

En cas de résiliation irrégulière du contrat de travail de la part de l'ouvrier, il est interdit à l'exploitant de stipuler une retenue de salaire supérieure au montant du salaire hebdomadaire moyen au siège de la mine (art. 8 de la loi sur les assurances en cas de maladie).

ARTICLE 74_1. — Pour toute mine et pour les établissements annexes soumis à la surveillance du Service des Mines, l'exploitant est tenu de publier un règlement de travail dans un délai de quatre semaines à dater de la mise en vigueur de la présente loi ou à dater du commencement de l'exploitation. Des règlements de travail spéciaux peuvent être établis pour certaines parties de l'exploitation, pour certaines des annexes sus-désignées, ou pour divers groupes d'ouvriers. La publication a lieu par voie d'affiches (art. 74_7, alinéa 3).

Le règlement doit indiquer le nom de la mine ou la désignation de l'établissement spécial auquel il se rapporte, ainsi que la date de sa mise en vigueur ; il doit être signé et daté par l'exploitant.

Il ne peut être apporté de modifications au règlement que par la publication d'additifs ou par la publication d'un règlement nouveau remplaçant l'ancien.

Les règlements de travail et les additifs n'entrent en vigueur que deux semaines au plus tôt après leur publication.

L'Administration peut dispenser l'exploitant, sur sa demande, de la publication d'un règlement de travail et de l'exécution de quelques-unes des dispositions indiquées à l'article 74_2, si l'exploitation est peu importante ou si, de par sa nature, elle ne doit durer que peu de temps.

ARTICLE 74_2. Le règlement de travail doit renfermer des prescriptions relatives aux points suivants :

1° Commencement et fin de la journée normale (1) ; nombre et durée des repos qui peuvent être prévus pour les ouvriers adultes ; circonstances dans lesquelles, indépendamment des cas de dangers à conjurer ou de travaux urgents à exécuter, les ouvriers sont tenus, dans les limites prévues, de prolonger le travail au-delà de la journée normale ou de faire des redoublages ; pour les travaux souterrains : réglementation de la descente et de la montée et surveillance des ouvriers dans la mine ;

2° Personnes chargées de fixer les salaires à la journée et de conclure ou de résoudre les contrats de travail à la tâche, ainsi que de constater le travail fait ; délai dans lequel, après acceptation du travail à la tâche, l'accord doit être conclu ; constatation de l'accord ainsi conclu et notification aux intéressés ; circonstances dans lesquelles l'exploitant ou l'ouvrier peut demander la modification ou l'annulation de l'accord conclu ; manière de calculer le salaire dans le cas où il n'a pas été conclu de contrat pour le travail à la tâche ;

3° Epoque à laquelle et procédés suivant lesquels le décompte des salaires et la paye doivent être faits, à la condition que la paye n'ait pas lieu un dimanche, sauf dérogations spéciales autorisées par l'Administration ; procédure employée pour établir la proportion, dont il doit être tenu compte pour l'évaluation des salaires, des berlines chargées insuffisamment ou contrairement aux règlements ; surveillance de cette procédure par des hommes de confiance choisis par les ouvriers (article 74_3, alinéa 2), ainsi que représentation de l'exploitant au cours de cette procédure et voies de recours contre l'évaluation des salaires ;

4° Lorsque les prescriptions légales (74_{11}, 74_{12}, 74_{13}) ne sont pas appliquées, délai dans lequel il peut être donné congé et motifs pour lesquels l'ouvrier peut être renvoyé et quitter le travail, sans congé préalable ;

5° Si des punitions sont prévues : nature et quotité de ces punitions, manière de les fixer, et recours contre ces punitions ; en outre, si les punitions consistent en amendes, manière de les percevoir et affectation à leur donner ;

6° Si une retenue de salaire est stipulée par les règlements ou le contrat de travail (article 74, alinéa 2) : emploi des sommes ainsi retenues ;

7° Fourniture éventuelle du matériel et des outils d'exploitation et manière de les porter en compte.

Il appartient à l'exploitant de prévoir d'autres mesures, dans le règlement de travail, en vue d'assurer le bon ordre de l'exploitation et de maintenir les ouvriers au travail. Avec l'assentiment du comité ouvrier permanent, il peut introduire dans le règlement de travail des dispositions relatives aux conditions dans lesquelles les ouvriers peuvent utiliser les aménagements faits dans leur intérêt sur le terrain de la concession, et des dispositions relatives à la conduite, en dehors de l'exploitation, des ouvriers qui n'ont pas encore atteint leur majorité.

ARTICLE 74_3. — Lorsque le travail est continué sur le même chantier, sans que l'accord ait été conclu dans les délais prescrits par le règlement de travail (article 74_2, 2°), l'ouvrier a le droit d'exiger le décompte de son salaire sur les bases de l'accord intervenu pour ce chantier dans la période précédente.

Il est interdit de déduire des salaires, lors de leur évaluation, les berlines chargées suffisamment et conformément aux règlements. Les berlines chargées insuffisamment ou contrairement aux règlements doivent être portées en compte dans la mesure où leur contenu est conforme aux règlements. L'exploitant

(1) Au sujet de la durée du travail dans les mines, voir l'art. 9 du livre II du Code du travail, page 6 de la partie « Législation du Travail ».

est tenu d'autoriser les ouvriers à faire surveiller la procédure employée pour constater si le chargement est insuffisant ou contraire aux règlements et pour déterminer la proportion de ce chargement qui doit entrer en compte dans l'évaluation du salaire ; cette surveillance, faite aux frais des ouvriers, incombe à un homme de confiance choisi parmi eux, par le comité ouvrier permanent ou à défaut par les ouvriers eux-mêmes. Cette surveillance ne doit occasionner aucun trouble dans l'exploitation ; en cas de différend sur ce point, l'Administration prendra, sur la réclamation de l'homme de confiance, les mesures nécessaires. L'homme de confiance reste au service de la mine ; ses fonctions expirent avec son contrat de travail. L'exploitant est tenu de payer d'avance le salaire de l'homme de confiance, à la demande du comité ouvrier permanent ou de la majorité des ouvriers intéressés. Il a le droit de retenir le salaire payé d'avance, sur celui des ouvriers intéressés, au moment de la paye.

Article 74_4. — Le règlement de travail ne doit pas stipuler de punitions contraires à l'honneur des ouvriers ou aux bonnes mœurs. En aucun cas, les amendes ne peuvent dépasser la moitié du salaire journalier moyen, calculé sur la période précédente, pour la catégorie à laquelle appartient l'ouvrier. Cependant, les voies de fait contre d'autres ouvriers, les attentats graves aux bonnes mœurs et les contraventions aux prescriptions édictées pour maintenir le bon ordre dans l'exploitation, pour prévenir les accidents et pour assurer l'exécution des dispositions de la présente loi et du Code de l'Industrie, peuvent être punies d'amendes allant jusqu'au montant du salaire journalier moyen. Le montant des amendes prononcées contre un ouvrier, dans le mois courant, pour chargement insuffisant ou contraire aux règlements, ne peut dépasser 6 fr. 25 au total ; cette prescription n'entraine pas la suppression du droit que peut avoir le concessionnaire à une indemnité.

Toutes les amendes doivent être employées dans l'intérêt des ouvriers de la mine ; s'il existe à la mine une caisse de secours (1), à l'administration de laquelle les ouvriers participent, de manière que la moitié au moins des voix appartienne aux membres élus par les ouvriers, les amendes doivent être versées à cette caisse ; dans le cas contraire, les amendes vont à la caisse minière de secours et de retraites ou à la caisse de maladie auxquelles les ouvriers sont affiliés. Des dispositions spéciales doivent être prises, dans le règlement de travail, pour l'administration de la caisse de secours (1) s'il en existe une. Un compte rendu des recettes et des dépenses et de l'avoir de cette caisse doit être établi, tous les ans, dans une forme à prescrire par l'Autorité Minière Supérieure et doit être adressé à cette dernière après avoir été, pendant deux semaines, porté à la connaissance du personnel par voie d'affiche.

Article 74_5. — Le texte du règlement de travail a force de loi pour l'exploitant et pour l'ouvrier, en tant qu'il n'est pas contraire aux lois.

Le contrat de travail ne peut prévoir d'autres motifs de renvoi ou d'abandon du travail que ceux indiqués par les articles 74_{12} et 74_{13}. On ne peut infliger aux ouvriers d'autres punitions que celles prévues par le règlement de travail. Les punitions doivent être immédiatement fixées et notifiées à l'ouvrier.

Les amendes infligées doivent être inscrites sur un registre avec indication du nom de l'ouvrier, de la date de la punition, du motif et du montant de l'amende ; ce registre doit être présenté aux ingénieurs des Mines, sur leur demande.

Article 74_6. — Les exploitations minières qui occupent normalement plus de cinquante ouvriers doivent être pourvues d'un comité ouvrier permanent. C'est à ce comité qu'il appartient d'agir en vue d'assurer l'accord de ses administrés entre eux et avec les exploitants ou de le rétablir.

(1) *Unterstützungskasse.*

Le comité ouvrier permanent doit remplir les fonctions spécifiées aux articles 74_2 (2e alinéa), 74_3 (2e alinéa) et 74_7 (1er alinéa); le règlement de travail peut encore étendre ces attributions. Il doit en outre transmettre à l'exploitant les propositions, vœux et réclamations du personnel relativement aux conditions d'exploitation et de travail et aux institutions destinées à améliorer le sort du personnel; il doit donner son avis sur ces questions.

Si le comité ouvrier dépasse les attributions qui lui sont limitativement accordées par le 2e alinéa du présent article, et s'il ne tient pas compte de l'avertissement qui lui en est donné, il peut être dissous. La dissolution est prononcée par l'Administration. Après deux dissolutions successives, l'Administration peut suspendre, pour la mine intéressée et pour un an au maximum, l'application des prescriptions de la première phrase du présent article.

Seuls sont valables, aux yeux de la loi, les comités ouvriers permanents dont les membres sont élus au suffrage direct et secret par les ouvriers de la mine, de la partie de l'exploitation intéressée ou des établissements annexes, et sont choisis parmi ces ouvriers. Le vote peut se faire par catégories d'ouvriers ou par section correspondant aux différentes parties de l'exploitation; on peut appliquer le système de la représentation proportionnelle.

L'alinéa 5 a été modifié ainsi qu'il suit par arrêté du 1er octobre 1919:

« Sont seuls autorisés à prendre part aux élections les ouvriers majeurs » qui travaillent à la mine à la condition :

« 1° S'ils sont de nationalité française, de jouir de leurs droits politiques » et d'être inscrits sur la feuille de la dernière paye effectuée par la mine » avant l'arrêté de convocation des électeurs;

« 2° S'ils ne sont pas de nationalité française, d'appartenir à l'une des » nationalités, origines ou catégories qui seront agréées à cet effet par arrêté » du Commissaire Général de la République (1), d'être majeurs, de jouir de » leurs droits civiques et de travailler à la mine depuis l'ouverture de l'exploi- » tation ou la réouverture consécutive à l'armistice, ou au moins depuis un » an sans interruption. Sont éligibles, les électeurs de la catégorie 1° ci-dessus » désignée, ayant au moins 25 ans et qui travaillent à la mine depuis l'ou- » verture de l'exploitation ou la réouverture consécutive à l'armistice ou depuis » trois ans au moins. »

Il doit être élu au moins un représentant titulaire et un suppléant par 300 ouvriers ou fraction de 100 ouvriers. Le nombre des représentants doit être de trois au minimum.

Il doit être procédé, au moins tous les cinq ans, à un renouvellement du comité ouvrier. La date des élections est publiée quatre semaines à l'avance.

Les fonctions du représentant cessent en même temps que son contrat de travail; elles cessent également s'il perd l'une quelconque des qualités requises pour être éligible.

L'Administration doit veiller à ce que les comités ouvriers permanents soient légalement constitués et renouvelés aux époques prescrites. Elle statue sur la validité des élections et sur la destitution des membres du comité ouvrier permanent.

Le règlement de travail doit donner des indications complémentaires sur l'organisation, le mode d'élection, la compétence et la gestion des affaires du comité ouvrier permanent.

ARTICLE 74_7. — Dans les mines où il existe un comité ouvrier permanent, ce comité doit être entendu sur le contenu du règlement de travail ou des annexes à ce règlement, avant leur publication; dans les autres mines, on doit donner aux ouvriers majeurs l'occasion de se prononcer sur le contenu du règlement de travail ou des annexes.

(1) *Du Ministre du Travail depuis le décret du 25 février 1922.*

Le règlement de travail ainsi que toute annexe à ce règlement doivent, dans un délai de trois jours après leur publication, être adressés en double exemplaire à l'Administration avec l'indication des objections qui ont été élevées par le Comité ouvrier ou par les ouvriers et qui doivent figurer au procès-verbal.

Le règlement de travail doit être affiché en un point convenable, accessible à tous les ouvriers intéressés; l'affiche doit toujours demeurer lisible. Le règlement de travail doit être remis à chaque ouvrier lors de son embauchage. Si plus de 20 % des ouvriers de la mine sont de langue étrangère, le règlement remis à ceux-ci doit être rédigé dans leur langue maternelle.

ARTICLE 74_8. — Les règlements de travail ou leurs annexes qui n'auraient pas été régulièrement publiés, ou qui seraient contraires aux prescriptions légales, devront être remplacés, sur décision de l'Administration, par des règlements réguliers, ou modifiés conformément aux prescriptions légales.

ARTICLE 74_9. — Les règlements de travail publiés avant la mise en vigueur de la présente loi sont soumis aux prescriptions des articles 74_1 à 74_8, 74_7 (3e alinéa) et 74_8. En ce qui concerne les prescriptions des 1er et 2e alinéas de l'article 74_5, le comité ouvrier ou les ouvriers majeurs doivent être entendus et les pièces doivent être remises à l'Administration dans un délai de quatre semaines après la mise en vigueur de la présente loi.

ARTICLE 74_{10}. — Lorsque le salaire est évalué à la tâche sur une base établie conventionnellement, l'exploitant doit se conformer aux prescriptions suivantes :

1° Si la tâche est comptée d'après le nombre et la contenance des berlines, cette contenance doit être indiquée d'une manière durable et apparente sur ces berlines, si elles ne sont pas toutes du même type ; cette contenance doit être portée à la connaissance du personnel avant la mise des berlines en service ;

2° Si la tâche est comptée d'après le poids contenu dans les berlines, la tare de chacune d'elles doit être établie avant leur mise en service et revisée au moins une fois par an ; si les berlines utilisées n'ont pas toutes sensiblement la même tare, celle-ci doit être indiquée d'une manière durable et apparente sur les berlines; si au contraire elles ont toutes sensiblement la même tare, la tare moyenne obtenue après chaque révision doit être portée à la connaissance du personnel.

L'exploitant est tenu de prendre les dispositions et de fournir les moyens que l'Administration juge nécessaires pour contrôler l'exécution des prescriptions ci-dessus.

Il n'est pas permis de faire aux ouvriers des retenues pour le déchet de lavage, les produits entraînés avec les stériles et les autres pertes qui peuvent se produire dans le traitement des produits.

ARTICLE 74_{11}. — Chacune des parties peut résoudre le contrat, de son plein gré, en le dénonçant quatorze jours à l'avance.

Lorsqu'il est stipulé d'autres délais de dénonciation, ces délais doivent être les mêmes pour les deux parties. Les conventions contraires sont nulles de plein droit.

ARTICLE 74_{12}. — Les ouvriers peuvent être renvoyés avant les délais prévus au contrat et sans congé préalable dans les cas suivants :

1° S'ils ont trompé l'exploitant au moment de la conclusion du contrat de travail, en lui présentant des certificats de congé, des certificats de conduite ou des livrets entachés d'erreurs ou de faux ; ou bien s'ils l'ont induit en erreur sur l'existence d'un autre contrat les liant encore ;

2° S'ils se rendent coupables d'un vol, d'un détournement, d'une escroquerie, d'une fraude ou s'ils ont une conduite débauchée ;

3° S'ils ont quitté le travail contrairement aux règlements ou s'ils refusent obstinément de remplir les obligations résultant pour eux du contrat de travail;

4° S'ils contreviennent, pendant leur travail dans la mine, à une prescription importante de la police des Mines ou s'ils se rendent coupables d'un manquement grossier aux instructions sur l'exploitation émanant de l'exploitant, de son représentant ou de leurs préposés;

5° S'ils commettent des voies de fait ou profèrent des injures grossières contre l'exploitant, son représentant, ou leurs préposés ou contre les membres des familles de ces personnes;

6° S'ils occasionnent un dommage illicite et prémédité à l'exploitant, à son représentant ou à leurs préposés ou à un autre ouvrier;

7° S'ils font commettre aux représentants de l'exploitant, à leurs préposés, aux autres ouvriers ou aux membres des familles de ces personnes des actes contraires aux lois ou aux bonnes mœurs, ou s'ils les provoquent à commettre des actions de ce genre.

Le renvoi de l'ouvrier n'est plus possible, lorsqu'il s'est écoulé plus d'une semaine depuis le moment où les faits incriminés ont été portés à la connaissance de l'exploitant ou de son représentant.

Article 74_{13}. — Les ouvriers peuvent quitter le travail avant les délais prévus au contrat et sans congé préalable:

1° S'ils deviennent incapables de continuer leur travail;

2° Lorsque l'exploitant, son représentant ou leurs délégués commettent des voies de fait ou profèrent des injures grossières contre les ouvriers ou les membres de leurs familles;

3° Si l'exploitant, son représentant, ses employés ou des membres de leurs familles font commettre aux ouvriers ou les incitent à commettre des actes contraires aux lois ou aux bonnes mœurs, ou bien s'ils commettent, avec les membres des familles des ouvriers, des actions de ce genre;

4° Si l'exploitant ne paie pas leur salaire aux ouvriers dans les conditions convenues, ou si, dans le cas de travail à la tâche, il ne les occupe pas d'une manière suffisante, ou bien s'il réalise à leurs dépens des profits illicites.

L'ouvrier ne peut plus quitter le travail, dans les cas prévus au présent article (2°) s'il s'est écoulé plus d'une semaine depuis le moment où les faits incriminés sont parvenus à sa connaissance.

Article 74_{14}. — Outre les cas prévus aux articles 74_{12} et 74_{13}, chacune des parties peut, pour des motifs graves, demander la résiliation du contrat avant le délai stipulé et sans congé préalable, si le contrat est conclu pour quatre semaines au moins et si le délai stipulé pour le congé dépasse quatorze jours.

Article 74_{15}. — L'exploitant est tenu de donner à l'ouvrier majeur qui quitte la mine un certificat sur la nature et la durée de son travail et, si l'ouvrier le réclame, un certificat sur sa conduite et son travail. La remise de ce certificat peut être exigée par l'ouvrier, au moment où le contrat arrive à sa fin, s'il n'est pas renouvelé. Les certificats sont dispensés du droit de timbre; l'autorité de police locale doit certifier la signature de ces pièces, sans qu'il y ait de frais à payer.

Si l'exploitant refuse de délivrer le certificat, l'autorité de police locale l'établit aux frais de celui-ci.

Si le certificat contient, à la charge de l'ouvrier quittant la mine, des imputations susceptibles de l'empêcher de se placer ultérieurement, il peut demander à l'autorité de police locale d'exécuter une enquête, dont le résultat est constaté au bas du certificat, si les imputations sont reconnues sans fondement.

Il est interdit à l'exploitant d'apposer sur les certificats des signes destinés à faire reconnaître l'ouvrier autrement que par le texte même du certificat.

ARTICLE 74_{16}. — Il est défendu aux exploitants d'accepter, pour le travail de la mine, des ouvriers majeurs qu'ils savent avoir été employés auparavant dans une autre mine, tant qu'il ne leur a pas été présenté, par ces ouvriers, un certificat émanant de l'exploitant qui les a employés en dernier lieu, ou de son représentant, ou, éventuellement, de l'autorité de police locale (art. 74_{15}).

ARTICLE 74_{17}. — Les ouvriers non majeurs peuvent réclamer, au moment de leur départ, un certificat indiquant la nature de leur occupation. Ce certificat peut aussi, sur leur demande, contenir des indications sur leur conduite et leur travail.

Pour la remise de ce certificat et pour la vérification de sa signature, on doit se conformer entièrement aux prescriptions de l'article 74_{15} (2e et 3e phrases du 1er alinéa et 2e à 4e phrases du 2e alinéa).

Le représentant légal de l'ouvrier non majeur peut exiger que le certificat soit délivré; il peut également exiger que la remise en soit faite à lui-même et non à l'ouvrier. Avec l'assentiment de l'autorité communale du lieu désigné à l'article 74_{19}, le certificat peut être remis directement à l'ouvrier contre le gré de son représentant légal.

ARTICLE 74_{18}. — Les personnes qui n'ont pas atteint leur majorité ne peuvent être employées dans les établissements visés par la présente loi que si elles sont munies d'un livret de travail. L'exploitant doit exiger le livret de travail lors de l'embauchage de ces personnes. Il est tenu de le conserver, de le présenter à la demande de l'Administration et de le rendre à l'intéressé après la cessation régulière du contrat de travail. La remise en est faite au représentant légal lorsque celui-ci le réclame ou lorsque l'ouvrier n'a pas atteint sa 16e année; sinon elle est faite à l'ouvrier lui-même. Avec l'assentiment de l'autorité communale du lieu désigné à l'article 74_{19}, la remise du livret peut également être faite à la mère, même si elle n'est pas tutrice légale, à un proche ou à l'ouvrier lui-même.

ARTICLE 74_{19}. — Le livret de travail est délivré à l'ouvrier, sans qu'il ait à payer de frais ou de timbre, par l'autorité de police de la dernière localité dans laquelle il a séjourné d'une manière durable; si toutefois il n'a pas fait de séjour durable dans les départements du Haut-Rhin, du Bas-Rhin ou de la Moselle, le livret lui est délivré par l'autorité de police du premier lieu de travail choisi par lui dans un de ces trois départements. La remise du livret se fait sur la proposition ou avec le consentement du représentant légal; s'il est impossible de se procurer la déclaration du représentant légal ou si celui-ci refuse son consentement sans motif suffisant et au détriment de l'ouvrier, le consentement de l'autorité communale suffit. Avant la remise du livret, il doit être vérifié que l'ouvrier n'est plus tenu de fréquenter l'école primaire et qu'il n'a pas déjà été établi un autre livret pour lui.

ARTICLE 74_{20}. — Si le livret de travail est complètement rempli ou hors d'usage ou s'il a été perdu ou détruit, un nouveau livret doit être établi. L'établissement du livret incombe à l'autorité de police de l'endroit où le détenteur du livret a fait son dernier séjour durable. Le livret terminé ou hors d'usage doit être clos par une inscription de l'Administration.

Lorsqu'un nouveau livret est établi en remplacement d'un livret hors d'usage, ou d'un livret perdu ou détruit, mention de ce fait doit être portée dans le nouveau livret. Il peut être prélevé dans ce cas, pour l'établissement du livret, une rétribution de soixante centimes au plus.

ARTICLE 74_{21}. — Le livret de travail doit porter le nom de l'ouvrier, le lieu, l'année et le jour de sa naissance, le nom et le dernier domicile de son représentant légal et la signature de l'ouvrier. L'établissement du livret est fait sous le sceau et la signature de l'administration. Celle-ci doit tenir un registre des livrets établis par elle.

Le modèle des livrets de travail est fixé par l'Autorité Minière Supérieure.

ARTICLE 14$_{22}$. — Lorsque l'ouvrier commence son travail chez un exploitant, celui-ci doit inscrire dans le livret, à l'endroit voulu, la date de l'entrée et la nature du travail ; lors du départ de l'ouvrier, l'exploitant inscrit la date du départ et, si le travail de l'ouvrier a changé, la nature du dernier travail effectué.

Les inscriptions doivent être faites à l'encre et signées par l'exploitant.

Les inscriptions ne doivent être accompagées d'aucun signe destiné à signaler favorablement ou défavorablement l'ouvrier.

Toute inscription d'appréciations sur la conduite ou le travail de l'ouvrier ou de mentions ou remarques non prévues par la présente loi est interdite.

ARTICLE 74$_{23}$. — Lorsque le livret a été perdu ou détruit ou mis hors d'usage chez l'exploitant, ou lorsque celui-ci y a porté des signes, inscriptions ou observations interdits, ou lorsqu'il refuse sans motif de restituer le livret, l'établissement, à ses frais, d'un nouveau livret peut être demandé.

L'exploitant qui, contrairement aux prescriptions légales, n'a pas restitué le livret en temps voulu, ou qui a négligé d'y porter les inscriptions prescrites, ou qui y a mis des signes, inscriptions ou remarques interdits, est passible d'une indemnité envers l'ouvrier. Le droit de réclamer une indemnité est prescrit si on ne le fait pas valoir par demande principale ou incidente, dans un délai de quatre semaines.

ARTICLE 74$_{24}$. — Si l'ouvrier non majeur ou son représentant légal le demande, l'autorité de police doit certifier, sans frais ni timbre, les inscriptions faites au livret.

ARTICLE 74$_{25}$. — Les exploitants qui engagent un ouvrier à quitter son travail avant le terme régulièrement prévu au contrat, sont personnellement responsables, vis-à-vis de l'ancien exploitant, du dommage éprouvé par lui. Il en est de même pour ceux qui engagent un ouvrier sachant qu'il est encore lié par contrat de travail à un autre patron.

Dans les mêmes conditions, est également responsable l'exploitant qui emploie un ouvrier pendant le temps où, à sa connaissance, cet ouvrier doit encore du travail à un autre exploitant, à moins qu'il n'y ait plus de quinze jours écoulés depuis la rupture illicite du contrat de travail.

ARTICLE 74$_{26}$. — Les exploitants doivent accorder le temps nécessaire à leurs ouvriers âgés de moins de dix-huit ans qui fréquentent un établissement d'instruction reconnu, par l'autorité communale ou par l'Etat, comme école de perfectionnement ; ce temps est fixé par l'Administration. Le dimanche, l'instruction ne peut avoir lieu qu'à des heures telles que les élèves ne soient pas empêchés d'assister au service religieux principal ou à un service spécialement prévu pour eux avec l'assentiment des autorités ecclésiastiques.

La fréquentation, par les ouvriers âgés de moins de dix-huit ans, des écoles de perfectionnement, peut être rendue obligatoire, avec l'assentiment de l'Autorité Minière Supérieure, par une décision réglementaire d'une commune ou d'un syndicat de communes rendue conformément aux prescriptions de l'article 142 du Code de l'industrie. Les prescriptions nécessaires à l'application de cette obligation peuvent être édictées de la même manière. On peut en particulier préciser, par une décision réglementaire, les obligations incombant aux élèves, ainsi qu'aux parents, tuteurs et exploitants en vue d'assurer une fréquentation régulière de l'école et d'édicter les prescriptions relatives au bon ordre de l'école et à la tenue des élèves. Les décisions réglementaires relatives à l'obligation de fréquenter une école de perfectionnement ne s'étendent pas à ceux qui fréquentent une autre école de perfectionnement ou une école professionnelle (Ecole préparatoire des Mines, Ecole des Mines), si l'Autorité Minière Supérieure estime que l'instruction donnée dans ces dernières écoles remplace suffisamment celle qui est prévue par la décision réglementaire.

ARTICLE 74_{27}. — Le contrat de service des personnes engagées par les exploitants, avec un salaire fixe, pour la conduite et la surveillance de l'exploitation, conformément aux prescriptions des articles 67 et 68 et le contrat des personnes chargées, d'une manière durable, d'un service technique supérieur (ingénieurs-mécaniciens, architectes, chimistes, dessinateurs, etc...), peuvent être résiliés par chacune des parties, à la fin de chaque trimestre, et après notification faite six semaines à l'avance, à moins de stipulations contraires.

ARTICLE 74_{28}. — Si la durée du délai-congé est conventionnellement augmentée ou diminuée, elle devra être la même pour les deux parties; elle ne doit pas être inférieure à un mois.

Le congé ne pourra être donné que pour une fin de mois.

Les prescriptions du premier alinéa du présent article s'étendent aussi au cas où le contrat a été conclu pour une durée déterminée, en stipulant qu'il sera considéré comme renouvelé si aucun congé n'est donné avant les délais prévus.

Toute convention contraire aux dispositions ci-dessus est nulle de plein droit.

Les prescriptions des alinéas 1 à 4 ne sont pas applicables lorsque l'intéressé reçoit un traitement annuel de plus de six mille deux cent cinquante francs.

ARTICLE 74_{29}. — Si un employé n'est engagé qu'à titre provisoire, les prescriptions des alinéas 1 à 4 de l'article 74_{28} ne lui sont pas applicables, à moins que l'engagement ne soit maintenu pendant plus de trois mois. La durée du délai-congé doit, dans ce cas également, être la même pour les deux parties.

ARTICLE 74_{30}. — Chacune des parties peut, avant le terme prévu au contrat et sans avoir à observer les délais-congés, demander la résiliation du contrat, pour un motif sérieux et justifiant sa demande.

ARTICLE 74_{31}. — En particulier, le contrat existant avec les personnes indiquées à l'article 74_{27} peut être résilié :

1° Lorsqu'elles ont trompé l'exploitant, au moment de la conclusion du contrat, en lui présentant des certificats entachés de faux ou d'erreur ou si elles l'ont induit en erreur quant à l'existence d'un autre contrat les liant encore;

2° Si, dans leur service, elles commettent des infidélités ou des abus de confiance;

3° Si elles abandonnent leur service sans autorisation ou si elles refusent obstinément de remplir leurs obligations;

4° Si elles contreviennent à une prescription importante de police relative à la conduite ou à la surveillance du travail dans la mine ou si l'Administration ne leur reconnait plus les capacités nécessaires pour assurer leur service de surveillance;

5° Si elles se trouvent dans l'impossibilité de remplir leurs fonctions par suite d'une maladie persistante, d'un emprisonnement prolongé ou par une période militaire dépassant huit semaines;

6° Si elles commettent des voies de fait ou des actes de diffamation contre l'exploitant ou ses représentants.

ARTICLE 74_{32}. — Les personnes désignées à l'article 74_{27} peuvent en particulier exiger la résiliation du contrat :

1° Si l'exploitant ou ses représentants commettent contre elles des voies de fait ou des actes de diffamation;

2° S'il ne paie pas les rémunérations prévues au contrat;

3° Lorsqu'il fait prendre des mesures contraires au plan d'exploitation et aux prescriptions de la police des mines, ou lorsqu'il refuse les moyens nécessaires à l'exécution des mesures de police ordonnées par l'Administration.

Article 74_{33}. — Si l'un des employés désignés à l'article 74_{27} est dans l'impossibilité d'accomplir son service, à la suite d'un accident qui ne lui est pas imputable, il conserve ses droits au traitement et aux rémunérations en nature, mais pour une période qui ne peut dépasser six semaines. La même solution est applicable dans le cas où le contrat de travail est résilié, conformément à l'article 74_{31} par suite d'une interruption de travail prolongée due à un accident non imputable à la victime.

Toute convention dérogeant aux prescriptions ci-dessus au préjudice de l'employé est nulle de plein droit.

L'employé doit accepter que les allocations qui lui ont été versées conformément aux règlements, par une caisse de secours contre la maladie, soient déduites de son traitement pour le temps pendant lequel il a droit à ces allocations.

Article 74_{34}. — Le paiement des sommes dues à l'employé doit se faire à la fin de chaque mois. Toute convention qui stipulerait, pour le paiement, des dates espacées de plus d'un trimestre, est nulle de plein droit.

Article 74_{35}. — Sous les conditions énoncées à l'article 74_{25}, la responsabilité de l'exploitant est également engagée, lorsque les personnes désignées à l'article 74_{27} sont invitées à rompre leur contrat de travail et sont irrégulièrement mises ou maintenues en service.

Article 74_{36}. — Une convention entre l'exploitant et l'un des employés désignés à l'article 74_{27}, par laquelle cet employé accepterait de limiter son activité pour la période qui suit le terme de son contrat de travail, n'engage l'employé que dans la mesure où cette convention n'entraîne pas, en ce qui concerne sa durée, le lieu de son application et son objet, une aggravation exagérée et injuste des conditions d'existence de l'employé.

La convention ne peut l'obliger à limiter son activité pendant plus d'un an, à partir du terme de son contrat de travail, que si l'exploitant s'engage à procurer à l'employé pendant toute la durée de la limitation de son activité le traitement qu'il touchait en dernier lieu.

La convention est nulle de plein droit, si l'employé n'est pas majeur au moment où est conclue cette convention.

Article 74_{37}. — Si, par suite de l'inobservation du contrat par l'exploitant, l'employé se trouve en droit de résilier ce contrat, conformément aux prescriptions des articles 74_{30} et 74_{32}, l'exploitant ne peut pas exiger de convention analogue à celle prévue à l'article 74_{36}.

Il en est de même lorsque le contrat est résilié par l'exploitant, sauf si la résiliation du contrat est motivée par un fait indépendant de la volonté de l'exploitant ou si le dernier traitement reçu par l'employé continue à lui être payé pendant le temps où son activité est limitée.

Si le contrat contient une clause pénale à la charge de l'employé, l'exploitant ne peut pas exiger de pénalité supérieure à celle prévue au contrat; il conserve toujours le droit d'exiger l'exécution complète du contrat et de réclamer des dommages-intérêts. Les prescriptions du Code civil relatives à l'abaissement des pénalités trop élevées et contraires aux stipulations du contrat restent applicables.

Les conventions contraires à ces prescriptions sont nulles de plein droit.

Article 74_{38}. — Les prescriptions de l'article 74_{36}, alinéa 2, et de l'article 74_{37}, alinéas 2 et 4, ne sont pas applicables, lorsque le traitement annuel de l'employé dépasse dix mille francs.

Les dispositions des articles 74_{36}, 74_{37} et 74_{38} (1er alinéa) s'étendent également, à partir du 1er janvier 1910, aux conventions qui auraient été passées avant la mise en vigueur de ces articles.

ARTICLE 74_{39}. — Dans chaque mine doit être tenue une liste des ouvriers de cette mine, indiquant leurs noms et prénoms, l'année de leur naissance, leur domicile, le jour de leur arrivée et de leur départ, la nature de leur occupation et la date de leur dernier certificat.

La liste doit être présentée à l'Administration sur sa demande.

ARTICLE 74_{40}. — En ce qui concerne la durée de travail des ouvriers du fond, dans les houillères, les dispositions des articles 74_{41} (1) à 74_{44} sont applicables.

ARTICLE 74_{42}. — Pour les ouvriers qui ne sont pas occupés d'une manière purement passagère aux points d'exploitation où la température ordinaire dépasse 28° centigrades, la durée du travail ne peut dépasser six heures par jour.

La température ordinaire du chantier est celle qu'il accuse lorsqu'il est régulièrement occupé et aéré.

ARTICLE 74_{43}. — Il ne doit pas être permis aux ouvriers de faire des coupes supplémentaires ou des redoublages dans les chantiers dont la température normale dépasse 28° centigrades.

Avant de commencer une coupe régulière ou un redoublage, chaque ouvrier doit disposer d'un repos de huit heures au moins.

ARTICLE 74_{44}. — Dans chaque mine, les dispositions doivent être prises pour permettre de constater le nombre et la durée des coupes supplémentaires et des redoublages effectués par chacun des ouvriers dans les douze derniers mois.

ARTICLE 74_{45}. — Les prescriptions des articles 74 à 74_{39} s'appliquent également aux salines, aux excavations et carrières souterraines, aux ateliers de préparation annexés à une mine ainsi qu'à tous les travaux du jour des mines de fer.

TITRE IV

DES RAPPORTS JURIDIQUES ENTRE LES CO-INTÉRESSÉS D'UNE MINE

ARTICLE 75. — Deux ou plusieurs co-intéressés d'une mine forment une Société Minière (Gewerkschaft).

La Société Minière peut régler sa constitution particulière par des statuts établis devant notaire; ces statuts doivent être adoptés par les trois quarts au moins de toutes les parts et approuvés par l'Autorité Minière Supérieure.

Les dispositions des articles 76 à 90, 94 (2e alinéa) et 103 à 108 ne peuvent être modifiées par les statuts.

ARTICLE 76. — La Société Minière porte le nom de la mine, à moins qu'un autre nom ait été prévu dans les statuts.

ARTICLE 77. — La Société Minière peut, en son propre nom, acquérir des droits et contracter des obligations, acquérir des propriétés ou d'autres droits réels sur les mines et les biens-fonds, citer et être citée en justice.

Le tribunal ordinaire compétent est celui dans le ressort duquel la mine est située.

ARTICLE 78. — La mine ne peut être grevée d'hypothèques ou d'autres charges réelles que pour son ensemble et au nom de la Société Minière.

ARTICLE 79. — La Société Minière n'est responsable de ses obligations que jusqu'à concurrence de son avoir social.

---

(1) L'article 74_{41} a été abrogé par l'arrêté du 26 août 1919 introduisant les articles 9 à 13 du livre II du Code du travail (Voir ces articles, page 6, de la partie « Législation du Travail »).

Article 80. — La Société Minière n'est pas dissoute du fait du départ de membres isolés; ceux-ci ne peuvent pas réclamer judiciairement le partage de la Société.

Article 81. — Le nombre des parts *(Kuxe)* d'une Société Minière se monte à cent.

Les statuts peuvent porter ce nombre à mille.

25. 6. 13. Les parts sont indivisibles et sont considérées comme des valeurs mobilières.

Article 82. — Les membres d'une Société Minière participent aux gains et aux pertes proportionnellement à leurs parts.

Ils sont tenus de payer, proportionnellement à leur part, les sommes nécessaires pour satisfaire aux obligations de la Société Minière et assurer la marche de l'exploitation.

Article 83. — La Société Minière tient un registre de tous ses membres et de leurs parts; sur la foi de ce registre on délivre à chaque associé, qui le demande, un certificat.

L'associé peut demander soit un certificat pour chaque part, soit un certificat pour plusieurs des parts en sa possession.

Ces certificats sont nominatifs et jamais au porteur.

Le renouvellement d'un certificat ne peut se faire que contre la remise de l'ancien titre ou à la suite d'une déclaration d'annulation spéciale établie en cas de perte du certificat.

Article 84. — Les parts peuvent être transférées à d'autres personnes, sans le consentement des autres sociétaires.

Ceux-ci n'ont aucun droit de priorité pour l'achat de ces parts.

Article 85. — Le transfert d'une part doit se faire par écrit.

Celui qui veut transférer une part doit en remettre le certificat ou, si ce certificat est perdu, fournir à ses frais une déclaration d'annulation.

Article 86. — Celui qui est inscrit au registre des sociétaires comme propriétaire d'une part est considéré comme tel vis-à-vis de la Société Minière dans l'exercice de ces droits.

Article 87. — L'ancien propriétaire qui cède volontairement sa part reste responsable vis-à-vis de la Société Minière des sommes (art. 82) dont elle a décidé le versement; cette responsabilité subsiste tant que la demande de transcription au registre des sociétaires (art. 85) n'a pas été formulée par cet ancien propriétaire.

Article 88. — La part ne peut servir de gage que moyennant la remise du certificat par contrat écrit.

Article 89. — La saisie d'une part d'un sociétaire se fait par le retrait et la vente aux enchères de son certificat.

Article 90. — L'annulation d'un certificat perdu doit être poursuivie devant le tribunal ordinaire, dans le ressort duquel la mine est située.

La personne qui propose l'annulation doit faire constater son titre de possession et la perte du certificat.

Le tribunal publie un avis pour inviter le détenteur inconnu du certificat à le présenter devant le tribunal dans un délai de trois mois et pour le prévenir que, faute de présentation, le certificat sera nul.

L'invitation est insérée trois fois dans le bulletin administratif du département et dans deux autres journaux. On peut également en ordonner la publication dans un journal étranger.

Si le porteur d'un certificat se présente, la personne qui a demandé l'annulation doit en être avertie et c'est à elle qu'incombe le soin de faire valoir ses droits contre le porteur.

Si personne ne se présente dans le délai fixé, le tribunal prononce l'annulation du certificat.

Article 91. — Les sociétaires prennent leurs résolutions dans des assemblées.

Les votes sont comptés par nombre de parts et non par tête.

Article 92. — Pour que les résolutions prises soient valables, il faut que tous les sociétaires soient présents ou qu'ils aient reçu une convocation indiquant la question à traiter.

Les convocations envoyées par la poste se font par lettre recommandée.

Les sociétaires qui n'ont pas leur domicile en France (1) doivent avoir un fondé de pouvoir demeurant dans un des trois départements du Haut-Rhin, du Bas-Rhin ou de la Moselle, qui reçoit les convocations. A défaut de cela, il suffit que la convocation soit affichée pendant quatorze jours aux bureaux du Service des Mines.

Cette mesure suffit également vis-à-vis des sociétaires dont le domicile est inconnu.

Article 93. — Les résolutions sont prises dans l'assemblée à la simple majorité des voix.

La première assemblée est régulière quand la majorité des parts est représentée.

Lorsque la majorité des parts n'est pas représentée, tous les sociétaires doivent être invités à une seconde assemblée.

La seconde assemblée est régulière, quel que soit le nombre de parts représentées. Cette particularité doit être mentionnée, s'il y a lieu, dans la convocation.

Article 94. — Une majorité des trois quarts au moins de toutes les parts est requise pour les résolutions par lesquelles on veut disposer de tout ou partie de l'objet de la concession, c'est-à-dire de la mine elle-même.

Cette disposition s'applique en particulier aux ventes, échanges, constitutions d'hypothèques ou autres charges imposées à la mine, ainsi qu'à la cession du droit d'exploitation moyennant un prix convenu (fermage).

Pour disposer, par renonciation ou donation, de la propriété des mines concédées, il faut l'unanimité des voix.

Article 95. — Dans un délai de quatre semaines, à dater du jour où une résolution a été prise par la Société Minière, tout Sociétaire peut déférer au juge ordinaire, dans la juridiction duquel la mine est située, la question de l'opportunité de cette résolution et en demander l'annulation.

Les statuts peuvent stipuler que la décision en cette matière, en cas de différends, appartiendra à un tribunal d'arbitres, en précisant comment ce tribunal sera formé et la procédure à adopter.

Ces dispositions ne s'appliquent pas aux résolutions prises conformément à l'article 75.

Article 96. — L'action intentée en vue de faire annuler une résolution prise par la Société Minière n'a pas d'effet suspensif.

Si la résolution est annulée, elle ne perd son effet légal qu'à dater de l'entrée en vigueur du jugement d'annulation.

Ces dispositions ne s'appliquent pas, si les résolutions portent sur les objets traités à l'article 100.

Article 97. — Toute Société Minière est tenue de nommer un représentant domicilié dans un des trois départements du Haut-Rhin, du Bas-Rhin ou de la Moselle et d'en faire connaître le nom à l'Administration.

Au lieu d'un représentant unique, la Société peut instituer un Comité directeur, composé de deux ou plusieurs personnes.

Les représentants de la Société Minière et les membres du Comité

(1) Décret du 24 décembre 1921.

directeur peuvent être choisis parmi des personnes qui n'appartiennent pas à la Société Minière.

Article 98. — L'élection de ces personnes a lieu dans une assemblée régulière, conformément aux dispositions de l'article 93, à la majorité absolue des voix. Si le premier vote ne fournit pas de majorité absolue, on procède à un ballottage portant sur les deux noms qui ont obtenu le plus de voix; à égalité de voix, on décide par tirage au sort.

S'il y a de nouveau égalité de voix au ballottage, on décide encore par tirage au sort.

Un procès-verbal de la procédure d'élection est dressé par devant notaire. Une ampliation remise au représentant ou au Comité directeur lui sert de titre de procuration.

Article 99. — Le représentant ou le Comité directeur représente la Société Minière dans toutes ses affaires judiciaires ou extra-judiciaires.

Il n'a besoin d'un plein pouvoir spécial que dans les cas spécifiés à l'article 100.

Il prête serment au nom de la Société Minière.

Lorsque l'assemblée des sociétaires décide de restreindre ou d'étendre les attributions du représentant ou du Comité directeur de la mine, ces décisions doivent être mentionnées dans le titre de procuration (art. 98).

Article 100. — Le représentant ou le Comité directeur ont besoin de pouvoirs spéciaux conférés par l'assemblée :

1° Quand il s'agit de questions qui ne peuvent être décidées que par une majorité des trois-quarts de toutes les voix, ou à l'unanimité;

2° Quand des versements doivent être demandés aux sociétaires.

Article 101. — Le représentant ou le Comité Directeur tient le registre des sociétaires et délivre les certificats des parts (art. 83).

Il est obligé de surveiller la tenue des autres livres de la Société Minière et d'en permettre l'examen à tout sociétaire qui en fait la demande.

Article 102. — Le représentant ou le Comité directeur convoque les assemblées des sociétaires. Si la mine est en exploitation, il convoquera une fois par an une assemblée et lui présentera le compte d'administration avec les pièces à l'appui.

Le représentant est obligé de convoquer une assemblée des sociétaires, lorsque la demande en est faite par les propriétaires d'un quart au moins de toutes les parts; s'il omet la convocation, elle est faite par l'Administration, sur la réclamation qui lui en est adressée par les intéressés.

L'Administration peut aussi, sur demande des sociétaires, convoquer une assemblée pour choisir un représentant ou un Comité directeur ou pour discuter la révocation d'un choix antérieur.

Article 103. — Le représentant a le droit et le devoir de recevoir toutes les citations et les autres communications adressées à la Société Minière; son acceptation a plein effet légal.

Lorsque la Société Minière a choisi un Comité directeur, un membre de ce Comité doit être particulièrement chargé de cette acceptation; il doit être expressément désigné à cet effet par la lettre de procuration du Comité directeur. Sinon les communications peuvent être adressées à un membre quelconque de ce Comité.

Article 104. — Les dispositions des articles 100, 101 et 102 ne peuvent être modifiées que par des statuts réguliers (art. 75). Celles de l'article 103 ne peuvent pas être modifiées.

Dans aucun cas on ne peut retirer au représentant ou au Comité directeur ses attributions relatives à la représentation de la Société Minière, dans les transactions avec la Caisse minière de secours et de retraites et avec d'autres institutions touchant à l'exploitation de la mine, dans les procès engagés contre la Société Minière et pour la prestation de serment à laquelle ces procès pourraient donner lieu.

Article 105. — Les droits et obligations résultant des actions judiciaires dans lesquelles le représentant ou le Comité directeur interviennent au nom de la Société Minière s'étendent à celle-ci de plein droit.

Il est d'ailleurs indifférent que l'affaire ait été conclue expressément au nom de la Société Minière ou qu'il résulte des circonstances que telle a été la volonté des parties contractantes.

Article 106. — Le représentant ou les membres du Comité directeur ne sont pas responsables personnellement, vis-à-vis des tiers, des obligations résultant pour la Société Minière des actes passés par eux en son nom.

Lorsqu'ils dépassent les limites de leur mandat ou agissent contrairement aux prescriptions du présent Titre, ils sont responsables personnellement et, au besoin, solidairement des dommages qui en résultent.

Article 107. — L'Administration a le droit d'obliger une Société Minière à choisir un représentant ou un comité directeur, dans un délai de trois mois.

S'il n'est pas obtempéré à cette réquisition, l'Administration peut, jusqu'à l'exécution des mesures prescrites, nommer un représentant et lui assurer une rémunération convenable, payable par la Société Minière et perçue, en cas de besoin, par saisie administrative.

Le représentant par intérim a les droits et les obligations prévus par les articles 99 à 103, à moins que des restrictions n'y soient apportées par l'Administration.

Article 108. — (25. 6. 13). — Sauf dérogations prévues au présent titre, les droits et les obligations résultant de la nomination d'un représentant ou d'un comité directeur sont jugés d'après les prescriptions générales sur les mandats et les délégations de pouvoirs.

Article 109. — L'action dirigée contre un sociétaire pour le paiement de sa contribution déterminée par une décision de la Société Minière ne peut être intentée avant l'expiration du délai de quatre semaines prévu à l'article 95. Si, dans ce délai, le sociétaire réclame en justice l'annulation de la résolution (art. 95), il ne peut être poursuivi pour le paiement de sa contribution avant que l'action intentée par lui n'ait été l'objet d'un jugement passé en force de chose jugée.

L'action contre le sociétaire ne peut être intentée que devant le juge ordinaire dans le ressort duquel la mine est située.

La procédure à suivre dans ces deux actions doit être conforme aux prescriptions établies pour les causes urgentes.

Article 110. — Le sociétaire peut éviter la condamnation et la saisie en proposant la vente de sa part au profit de la Société Minière, à laquelle il restitue son certificat.

Article 111. — Cette vente se fait aux enchères publiques d'après les prescriptions de l'article 89.

Sur le prix de vente on prélève d'abord les frais de vente, puis les versements arriérés.

Si cette part ne peut être vendue, elle est inscrite dans le registre de la Société Minière au nom des autres sociétaires, proportionnellement au nombre de parts complètes en leur possession ; s'il n'est pas possible de procéder ainsi, l'inscription est faite au nom de la Société Minière même et libre de toutes charges.

Article 112. — Chaque sociétaire a la faculté de renoncer à sa part, lorsque cette part n'est pas grevée de versements arriérés ni d'autres obligations, ou bien lorsque le consentement formel des créanciers est produit ; il faut en outre que le certificat correspondant soit restitué à la Société Minière.

La part est alors vendue par le représentant au profit de la Société Minière, à moins que celle-ci n'en dispose autrement.

Lorsque la part ne peut pas se vendre, il est fait application des dispositions prévues dans ce cas par l'article 111.

ARTICLE 113. — Les prescriptions des articles 75 à 112 relatives aux rapports juridiques des co-intéressés d'une mine cessent d'être applicables lorsque des dispositions différentes sont prévues par un contrat ou tout autre genre de convention ; ces actes ne sont toutefois valables que s'ils sont établis devant notaire. Ils doivent être remis à l'Administration.

Les co-partageants d'un héritage ou d'un autre fonds commun auquel appartient une mine ne sont pas des co-intéressés au sens de l'article 75.

ARTICLE 114. — Dans les cas prévus à l'article 113, lorsque les co-intéressés d'une mine ne forment pas une société représentée conformément aux prescriptions générales, un représentant domicilié dans un des trois départements du Haut-Rhin, du Bas-Rhin ou de la Moselle doit être nommé et désigné à l'Administration, faute de quoi celle-ci a le droit d'agir suivant les dispositions de l'article 107.

Il en est de même, lorsque le propriétaire unique d'une mine demeure hors du territoire français (1).

Ce représentant doit s'occuper des affaires que l'article 104 réserve expressément au représentant ou au Comité directeur d'une mine. Aucune dérogation à ces dernières dispositions n'est autorisée.

TITRE V

DES RAPPORTS JURIDIQUES ENTRE LES EXPLOITANTS DE MINES ET LES PROPRIÉTAIRES FONCIERS

1re Section.

De la cession du terrain.

ARTICLE 115. — Lorsque l'occupation d'un terrain étranger à la concession est nécessaire aux travaux d'une mine, le possesseur du terrain, qu'il soit propriétaire ou usufruitier, doit le céder au concessionnaire. Ces prescriptions s'appliquent aux travaux d'exploitation, aux emplacements pour le déchargement des minerais et des terres, aux dépôts, aux chemins, voies ferrées, canaux, à l'établissement de machines, aux conduites d'eau et réservoirs, aux travaux de secours, aux bureaux et autres établissements du jour destinés à l'exploitation, aux ateliers de préparation mécaniques désignés par l'article 48, ainsi qu'aux conduites et aux réservoirs de saumures.

ARTICLE 116. — La cession du terrain ne peut être refusée que pour des raisons majeures d'utilité publique.

On ne peut en aucun cas forcer leur possesseur à céder malgré lui des terrains couverts de bâtiments d'habitation, d'exploitation agricole ou industrielle, ni des cours clôturées attenantes.

ARTICLE 117. — Le concessionnaire est tenu de verser au possesseur du terrain une indemnité annuelle, payable d'avance, à titre de compensation du dommage que lui cause la privation de jouissance de son terrain ; celui-ci doit lui être restitué dès qu'il n'en est plus fait usage pour l'exploitation.

Si le terrain a perdu de sa valeur par suite de l'utilisation qui en a été faite, le concessionnaire doit verser une somme équivalente à cette moins-value quand il le restitue. Le possesseur du terrain peut exiger du concessionnaire, lors de la cession du terrain, le versement d'une caution comme

(1) Décret du 24 décembre 1921.

garantie de l'accomplissement de cette obligation. Le propriétaire du terrain peut aussi, dans le même cas, exiger que le concessionnaire, au lieu de lui rembourser la moins-value du terrain, en acquière la propriété.

ARTICLE 118. — Lorsque l'occupation du terrain doit durer certainement plus de trois ans, ou lorsque l'occupation se prolonge effectivement au-delà de cette durée, le propriétaire de ce terrain peut demander que le concessionnaire en acquière la propriété.

ARTICLE 119. — Si un terrain se trouve, par suite de la cession de diverses parcelles, tellement morcelé que les parties restantes ne peuvent être convenablement utilisées, le possesseur du terrain peut demander que l'indemnité annuelle à payer (article 117) s'étende également à ces parties non occupées.

Dans la même hypothèse, le propriétaire d'un terrain peut demander que le concessionnaire acquière la propriété de sa totalité.

ARTICLE 120. — Lors de la cession ou de l'acquisition forcée d'un terrain, pour y placer les établissements annexes d'une mine, il n'est pas tenu compte, dans l'estimation des dommages, de la plus-value que ce terrain est susceptible d'acquérir du fait même de ces nouveaux établissements.

ARTICLE 121. — Lorsque les intéressés ne peuvent aboutir à un accord amiable au sujet des questions traitées dans les articles 115 à 119, il est statué par un arrêté pris en commun par l'Ingénieur des Mines et le Sous-Préfet sur l'obligation, les limites et les conditions de la cession du terrain par son possesseur ou de son acquisition par le concessionnaire.

ARTICLE 122. — Avant toute décision, les deux parties doivent être entendues et les circonstances examinées sur les lieux par les fonctionnaires précités.

A défaut d'accord entre les parties intéressées, l'enquête porte également sur l'évaluation de l'indemnité totale à payer pour une occupation temporaire du terrain ou pour la cession de propriété, ainsi que sur la caution prévue à l'article 117.

Des experts participent à cette évaluation.

Chacune des parties a le droit de désigner un expert; si cette désignation n'est pas faite dans le délai fixé par les deux autorités (article 121), celles-ci désignent elles-mêmes les experts.

Dans tous les cas, les autorités peuvent convoquer un troisième expert.

ARTICLE 123. — L'arrêté imposant la cession ou l'acquisition obligatoire d'un terrain doit désigner exactement ce terrain, fixer provisoirement sous réserve du recours aux tribunaux le montant de l'indemnité à payer au possesseur, la caution à verser, s'il y a lieu, et indiquer les diverses conditions de la cession ou de l'acquisition.

ARTICLE 124. — Les deux parties peuvent faire appel devant l'Autorité Minière Supérieure contre l'arrêté pris en commun par l'Ingénieur des Mines et le Sous-Préfet. Ce recours doit être remis à l'Administration suivant les prescriptions de détail de l'article 169 (1). Il ne peut pas s'appliquer à l'évaluation provisoire du dommage et de la caution.

Le recours judiciaire contre l'obligation de céder un terrain n'est admis que si l'intéressé demande à être libéré de cette obligation en vertu de l'article 116 (2e alinéa) ou d'un titre spécial.

ARTICLE 125. — L'occupation du terrain n'est pas suspendue par le recours judiciaire, lorsque ce recours ne porte que sur l'évaluation de l'indemnité ou de la caution, à condition toutefois que l'indemnité fixée ait été payée à l'ayant droit ou, s'il refuse de l'accepter, que l'indemnité et le cautionnement aient été déposés judiciairement.

(1) Voir page 32.

Article 126. — Les frais de la procédure d'expropriation sont, en première instance, à la charge du concessionnaire ; en deuxième instance, à la charge de la partie condamnée.

2e Section.

Des dommages-intérêts pour dégâts occasionnés à la propriété foncière.

Article 127. — Le concessionnaire est tenu de payer en entier les dommages causés à la propriété foncière ou à ses dépendances par l'exploitation souterraine de la mine ou les travaux du jour, sans distinguer si l'exploitation a été effectuée ou non sous le terrain endommagé, si le dommage provient ou non de la faute du concessionnaire et s'il pouvait être ou n'être pas prévu.

Article 128. — Lorsque le dommage est causé par l'exploitation de deux ou plusieurs mines, les concessionnaires sont tenus de payer les dommages en commun et par parts égales.

Cette prescription ne supprime d'ailleurs pas le droit que peuvent avoir les concessionnaires, dans leurs rapports entre eux, de demander une répartition différente des dommages à payer et d'exiger le remboursement des sommes payées en trop.

Article 129. — Le concessionnaire n'est pas tenu de payer les dommages causés par l'exploitation de sa mine à des bâtiments ou autres établissements, lorsque ceux-ci ont été construits à une époque où le danger qui les menaçait, par suite de cette exploitation, ne pouvait pas échapper à une attention ordinaire de la part du possesseur du terrain.

Si, par suite d'un danger de ce genre, la construction de ces bâtiments ne peut avoir lieu, le possesseur du terrain n'a pas droit à un dédommagement de la moins-value subie par le terrain, s'il ressort des faits que son intention de construire n'a été alléguée que dans le but d'obtenir ce dédommagement.

Article 130. — Les demandes de remboursement d'un dommage causé par l'exploitation (articles 127 et 128) qui ne sont pas stipulées par convention, peuvent faire l'objet d'une action judiciaire à introduire dans un délai de trois ans à partir du moment où la partie lésée a connu le dommage et son auteur ; passé ce délai, l'action est prescrite.

Article 131. — Les articles 127 à 130 s'appliquent également aux dommages causés à un terrain ou à ses dépendances par les auteurs des travaux de recherche et par les demandeurs de concessions.

3e Section.

Des rapports entre les mines et les voies de communication publiques.

Article 132. — L'exploitant d'une mine n'a pas le droit de s'opposer à l'exécution de routes, de chemins de fer, de canaux et d'autres voies publiques de circulation, pour l'établissement desquels un droit d'expropriation a été conféré à l'entrepreneur.

Avant que ne soit fixée la direction à donner à ces voies de communication, les personnes sur les concessions desquelles elles doivent passer sont entendues par l'autorité compétente, en vue de déterminer la manière dont cette direction pourra être fixée pour réduire autant que possible le préjudice causé à ces concessions.

Article 133. — Lorsque l'autorisation de mise en exploitation de la concession est antérieure à l'autorisation de construction d'une des voies de communication visées à l'article précédent, l'exploitant peut exiger une indemnité de l'entrepreneur. Toutefois cette indemnité n'est due que si la construction de cette voie publique oblige l'exploitant à faire des travaux que n'aurait pas comportés une exploitation ordinaire ou à détruire ou modifier des travaux préalablement existants.

TITRE VI

DE LA RENONCIATION AUX CONCESSIONS

Les articles 134 à 138 ont été abrogés par le décret du 24 décembre 1921 ; les dispositions actuellement en vigueur relativement à la déchéance des concessionnaires sont celles de l'article 10 de la loi du 27 avril 1838, voir page 62.

Les dispositions des articles 136 à 138, continuant toutefois à s'appliquer en ce qui concerne l'exécution des dispositions de l'article 139, ont été reproduites ci-après :

ARTICLE 136. — « *Si le propriétaire de la mine ne fait pas opposition ou si son opposition est repoussée par le tribunal, la décision est notifiée par l'Autorité Minière Supérieure aux créanciers et à tous ceux qui ont des droits réels inscrits au registre des hypothèques. En outre elle doit être publiée au* Bulletin Administratif *du département dans lequel la mine est située, avec mention du présent article et du suivant.* »

ARTICLE 137. — « *Tout créancier privilégié, tout créancier hypothécaire ou tout autre possesseur de droits réels peut, à l'effet de faire régler sa créance, requérir devant le juge compétent la vente judiciaire de la mine; il y est procédé à ses frais, sauf remboursement sur le prix de vente. Il doit exercer ce droit dans un délai de 3 mois à dater du jour où la décision lui a été signifiée, ou du jour où elle a été publiée au* Bulletin Administratif.

S'il n'est pas fait usage de ce droit dans le délai prescrit, l'annulation de la concession entraîne l'extinction du droit réel ainsi qu'il est prévu ci-après (Art. 138). »

ARTICLE 138. — « *Lorsque la vente judiciaire n'est pas demandée ou lorsqu'elle ne conduit pas à une adjudication de la mine, l'Autorité Minière Supérieure prononce par un arrêté le retrait de la concession.*

Ce retrait entraîne l'extinction de toutes les créances ou prétentions sur la mine, quelle qu'en soit la nature. »

ARTICLE 139. — Lorsque le concessionnaire d'une mine déclare devant l'Administration qu'il renonce volontairement à sa concession, il est procédé à l'égard de cette déclaration comme il est dit à l'article 136 en ce qui concerne la décision mentionnée dans cet article.

Le droit reconnu aux créanciers privilégiés et hypothécaires et autres personnes ayant des droits réels, leur appartient également dans ce cas ; les dispositions de l'article 138 s'appliquent de même à la procédure de retrait de la concession.

ARTICLE 140. — Lorsque la concession lui est retirée, l'ancien concessionnaire ne peut enlever les boisages et maçonneries que si, de l'avis de l'Administration, aucun motif de police ne s'y oppose.

ARTICLE 141. — Les frais occasionnés par la procédure du présent titre sont à la charge du concessionnaire.

TITRE VII

DES CAISSES MINIÈRES DE SECOURS ET DE RETRAITES

ARTICLE 142. — Des caisses minières ayant pour but d'accorder, conformément aux dispositions spéciales de la loi, des secours à leurs membres et aux familles de ces membres doivent être créées pour les ouvriers de toutes les mines et de tous les établissements annexes soumis à la présente loi.

Les circonscriptions correspondantes sont fixées par l'Autorité Minière Supérieure, après consultation des possesseurs des établissements intéressés.

Les caisses minières acquièrent la qualité de personnes civiles par l'approbation de leurs statuts.

ARTICLE 143. — Toutes les mines et entreprises annexes (art. 142) situées dans la circonscription d'une caisse minière, ainsi que les ouvriers occupés dans ces entreprises, ont le droit et l'obligation de s'affilier à cette caisse conformément aux dispositions spéciales des statuts.

Les employés de ces entreprises et ceux qui sont chargés de l'administration de la caisse ont également le droit d'en faire partie.

ARTICLE 144. — Les établissements industriels annexés aux mines, les usines métallurgiques, les salines, les exploitations de minerai de fer à ciel ouvert, ainsi que les carrières souterraines et à ciel ouvert, peuvent, à la demande des possesseurs de ces établissements, s'affilier, avec leur personnel ouvrier, aux caisses minières conformément aux dispositions spéciales des statuts.

ARTICLE 145. — Pour chaque caisse minière, les possesseurs des établissements intéressés doivent établir, avec la collaboration d'une commission élue par les ouvriers, des statuts conformes aux dispositions légales. Ces statuts sont soumis à l'approbation de l'Autorité Minière Supérieure ; cette approbation ne peut d'ailleurs être refusée que si les statuts sont contraires aux dispositions légales.

Si, après sommation préalable, les statuts ne sont pas présentés dans le délai d'un an, l'Autorité Minière Supérieure les établit d'office.

ARTICLE 146. — Les statuts ne peuvent être modifiés que conformément aux dispositions spéciales introduites dans les statuts eux-mêmes et avec l'approbation de l'Autorité Minière Supérieure conformément aux prescriptions de l'article 145.

ARTICLE 147. — Toute caisse minière doit, suivant les dispositions spéciales des statuts, fournir à ceux de ses membres qui jouissent de tous les droits, au moins les avantages suivants :

1° En cas de maladie, traitement et médicaments gratuits ;

2° En cas de maladie survenue sans faute grave de l'assuré, un salaire d'indisponibilité approprié ;

3° Une contribution aux frais d'enterrement des membres de l'association et des invalides ;

4° Un secours viager d'invalidité, lors d'une incapacité de travail survenue sans faute grave de l'assuré ;

5° Un secours aux veuves, leur vie durant ou jusqu'à ce qu'elles se remarient ;

6° Un secours pour l'éducation des enfants des membres décédés ou des invalides, jusqu'après l'accomplissement de leur quatorzième année.

Les membres de la catégorie la moins favorisée ont droit au moins aux avantages indiqués au 1° et au 2° ; s'ils sont blessés par un accident arrivé pendant le travail, ils ont droit également aux avantages indiqués au 3° et au 4°.

ARTICLE 148. — Des caisses spéciales de secours en cas de maladie, destinées à assurer aux ouvriers les avantages prévus à l'article 147 (1°, 2° et 3°), peuvent être créées dans les établissements affiliés à une caisse minière. L'Autorité Minière Supérieure prend les décisions nécessaires à ce sujet, après avoir consulté les possesseurs des établissements.

Les statuts des caisses spéciales de secours en cas de maladie doivent être dressés et approuvés conformément aux prescriptions de l'article 145.

La surveillance de ces caisses spéciales incombe obligatoirement aux personnes chargées de la direction de la caisse minière. Des dispositions spéciales à ce sujet doivent se trouver dans les statuts des caisses minières.

Article 149. — Les allocations accordées à leurs membres par les caisses minières et par les caisses spéciales de secours en cas de maladie ne peuvent être saisies, ni cédées à des tiers.

Article 150. — Les ouvriers et les possesseurs des établissements doivent fournir des cotisations aux caisses minières et aux caisses spéciales de secours en cas de maladie.

Article 151. — Les cotisations des ouvriers seront prélevées soit par la retenue d'un tantième de leur salaire, soit par le versement d'une somme fixe équivalente.

Les cotisations des possesseurs des établissements doivent atteindre au moins la moitié de celles des ouvriers.

Article 152. — Les possesseurs des établissements sont tenus, sous peine de contrainte personnelle, d'opérer le recouvrement des cotisations de leurs ouvriers et d'assurer la rentrée de ces cotisations.

Les possesseurs des établissements doivent également communiquer la liste de leurs ouvriers à la direction de la caisse minière, aux époques fixées par les statuts.

Lorsque cette communication n'est pas faite, la direction de la caisse minière a le droit d'évaluer elle-même, d'office, le nombre d'ouvriers dont les contributions sont à percevoir ou de demander à l'Administration de prononcer, contre le possesseur de l'établissement, une pénalité pour son retard.

Article 153. — Toutes les cotisations dues aux caisses minières et aux caisses spéciales de secours en cas de maladie peuvent, après fixation préalable par l'Autorité Minière Supérieure, être perçues par les moyens en usage pour le recouvrement des contributions directes.

Le recours judiciaire n'a pas d'effet suspensif.

Article 154. — Toute caisse minière est administrée par un comité directeur assisté « d'anciens ».

Article 155. — Ne peuvent être élus comme « anciens » que les membres de la caisse minière qui remplissent les conditions de nationalité prévues sous les n°s 1 et 2 de l'article 74_c. Toutefois, peuvent également être déclarés éligibles par les statuts, les ouvriers et employés invalides remplissant les mêmes conditions de nationalité.

Les « anciens » sont élus par les ouvriers et employés qui font partie de la caisse minière. Leur nombre est fixé par les statuts (1).

Les anciens représentent les membres de l'association pour l'élection du Comité directeur et ont, en général, le droit et le devoir, d'une part, de surveiller l'observation des statuts par les membres de l'association, d'autre part de sauvegarder les droits de ceux-ci vis-à-vis du Comité directeur.

Leurs attributions sont réglées par les statuts ou par une instruction spéciale (art. 157).

Article 156. — Les membres du Comité directeur sont élus conformément aux dispositions spéciales des statuts, moitié par les possesseurs des établissements ou leurs représentants, moitié par les anciens; ils sont pris soit parmi les anciens, soit parmi les employés des exploitations.

Article 157. — Le Comité directeur représente la caisse minière au dehors, dirige l'élection des anciens, choisit les employés et les médecins de l'association, passe les contrats avec eux et avec les pharmaciens, publie les

(1) La rédaction des deux premiers alinéas de l'article 155 a été introduite par le décret du 22 décembre 1919.

instructions nécessaires, administre les biens de la caisse minière et règle toutes les autres affaires qui lui sont confiées par les statuts.

ARTICLE 158. — Les comptes doivent être établis annuellement; ils doivent être examinés d'abord par le Comité directeur, puis soumis à l'examen et aux demandes d'éclaircissements des anciens et des possesseurs des établissements, avant que le Comité directeur n'en donne décharge au caissier.

ARTICLE 159. — L'Administration doit surveiller l'observation des statuts et particulièrement la gestion des biens conformément aux statuts.

ARTICLE 160. — Les ingénieurs des Mines sont autorisés, pour exercer ce droit de surveillance, à assister à toutes les séances du Comité directeur et à suspendre toute résolution contraire aux statuts; les séances doivent leur être annoncées au moins quatre jours à l'avance.

ARTICLE 161. — Le Comité directeur de la Caisse minière doit toujours permettre à l'Administration ou à son représentant, s'ils en font la demande, d'examiner les procès-verbaux des séances, les livres de caisse et les comptes rendus et de vérifier la caisse.

Ce Comité doit aussi faire connaître à l'Administration tous les faits d'ordre statistique intéressant la caisse minière.

ARTICLE 162. — Les plaintes contre la gestion du Comité directeur doivent être adressées à l'Administration.

ARTICLE 163. — Les ouvriers qui quittent la circonscription d'une caisse minière pour venir s'établir dans la circonscription d'une nouvelle caisse doivent être admis dans celle-ci, à charge de réciprocité; ils sont admis dans la classe à laquelle ils appartenaient précédemment et avec l'ancienneté de service déjà acquise.

TITRE VIII ET IX

DE L'ADMINISTRATION ET DE LA POLICE DES MINES

Les articles 164 à 182 ont été abrogés par le décret du 24 décembre 1921 : les dispositions actuellement en vigueur sont celles des articles 47 à 50 et 82 de la loi du 21 avril 1810 et des décrets du 3 janvier 1813 et 14 janvier 1909 (voir page 36 de la présente partie et pages 5 et 8 de la deuxième partie).

Toutefois les dispositions de l'art. 169 ayant été maintenues en vigueur pour ce qui concerne l'application de l'art. 124, sont reproduites ci-après :

« Le recours doit être présenté à l'autorité qui a rendu la décision contre laquelle on fait appel; le délai d'appel est de quatre semaines, à dater du jour où la decision ou l'arrêté a été notifié ou porté de toute autre manière à la connaissance de la partie intéressée. »

3e Section

Des infractions aux prescriptions de police des mines.

Les dispositions des articles 183 à 185, ont été abrogées par le décret du 24 décembre 1921 et remplacées par celles des articles 93, 95 et 96 de la loi du 21 avril 1810, voir page 37.

TITRE X

DISPOSITIONS TRANSITOIRES ET FINALES

ARTICLE 186. — Les demandes en concession publiées par l'Administration des mines avant l'entrée en vigueur de la présente loi, ainsi que les demandes en concession, seront instruites et jugées conformément aux lois qui étaient en vigueur jusqu'alors.

Le périmètre sollicité par ces demandes en concurrence reste opposable aux nouvelles demandes établies suivant la procédure de l'article 20 de la présente loi, jusqu'à ce qu'une décision définitive ait été prise.

Les demandes en concession non publiées jusqu'à l'époque précitée seront traitées comme les demandes nouvelles, pourvu qu'elles soient conformes aux prescriptions légales.

ARTICLE 187. — Il n'est apporté aucune modification aux droits et obligations des co-intéressés de mines possédées par plusieurs personnes au moment de la mise en vigueur de la présente loi. Toutefois les dispositions de l'article 114 s'appliquent aussi à ces mines.

Une résolution prise par les trois quarts au moins de toutes les parts permet aux co-intéressés d'une telle mine d'adopter la forme de société indiquée au titre IV de la présente loi (art. 75 à 112), pourvu que les conventions du contrat ne s'y opposent pas.

ARTICLE 188. — En ce qui concerne les terrains dont la propriété ou l'usage a été concédé pour une exploitation minière, avant l'entrée en vigueur de la présente loi, il y a lieu d'appliquer les lois antérieures et non les articles 117 à 120 de la présente loi.

ARTICLE 189. — L'Autorité Minière Supérieure décide si, conformément à l'article 2 de la présente loi, un gisement de minerai de fer peut être exploité ou non à ciel ouvert par le propriétaire foncier, ou si une telle exploitation déjà entreprise doit être interdite. La décision aura lieu, les intéressés entendus, par un arrêté contre lequel il n'y a pas de recours possible.

Le propriétaire foncier est tenu de prévenir l'Administration des mines de l'intention qu'il a d'exploiter des minerais de fer dans sa propriété. L'Administration délivre un récépissé de déclaration.

ARTICLE 190. — Celui qui, sans y être autorisé, exploite les minerais dont l'exploitation est soumise aux dispositions de la présente loi (art. 1, 2 et 189), est passible d'une amende pouvant atteindre sept cent cinquante francs.

ARTICLE 191. — Le propriétaire d'une concession qui, en l'exploitant, dépasse par inattention les limites de son périmètre, est passible d'une amende pouvant atteindre cent quatre-vingt-sept francs 50 centimes.

Celui qui les dépasse volontairement est passible de l'amende édictée à l'article 190.

ARTICLE 192. — Les délais exprimés en mois par la présente loi expirent au cours du dernier mois du délai, à la date correspondant au jour du commencement du délai. Lorsque cette date manque dans le dernier mois, le délai expire au dernier jour du mois.

ARTICLE 193. — La présente loi entrera en vigueur le 1er avril 1874.

A la même date seront abrogées toutes les lois, ordonnances et coutumes générales et particulières relatives aux objets traités par la présente loi.

Loi du 17 avril 1899
relative à l'exécution du Code civil en Alsace-Lorraine.

ARTICLE 80. — Les mines sont inscrites d'office, sur le vu des états miniers, dans les livres fonciers spéciaux.

La procédure suivant laquelle a lieu l'établissement des livres fonciers, ainsi que l'époque à laquelle le livre foncier doit être considéré comme établi pour une circonscription (circonscription de livre foncier) sont déterminées par ordonnance impériale (1).

(1) Voir l'article 30 de l'ordonnance du 18 avril 1900 (G. B. p. 91).

Lorsque le livre foncier est considéré comme établi pour une circonscription, l'établissement doit être tenu pour accompli en ce qui concerne les mines de la circonscription qui n'ont encore aucun feuillet au livre foncier, à moins qu'une exception ne soit apportée par une disposition particulière pour des mines déterminées.

Article 81. — Sont applicables, à moins de disposition contraire, aux propriétés minières pour lesquelles le livre foncier doit être considéré comme établi, les prescriptions légales relatives aux immeubles pour lesquels le livre foncier doit être considéré comme établi (1).

Les prescriptions en vigueur sur l'acquisition de la propriété et les droits résultant de la propriété trouvent application correspondante en ce qui concerne la propriété minière.

Article 82. — Restent en vigueur les dispositions de la loi sur les mines du 16 décembre 1873, en vertu desquelles :

1° La propriété minière est acquise par la concession délivrée par l'autorité minière supérieure et, dans les cas de consolidation, de partage ou échange de champs d'exploitation et de division d'une concession, par la ratification de l'autorité minière supérieure (art. 32, 54, 58, al. 1er de la loi sur les mines du 16 décembre 1873);

2° En cas d'échange de parties de concessions, la ratification de ladite autorité a pour conséquence que la partie réunie à la mine est grevée des charges qui reposent sur celle-ci et que la partie détachée de la mine est libérée de ces charges (art. 58, al. 5 de la même loi);

3° En cas d'annulation de la propriété minière par arrêté de l'autorité minière supérieure, cet arrêté entraine l'extinction aussi bien de la propriété minière que de tous autres droits existant sur celle-ci, de quelque nature qu'ils puissent être.

Article 83. — Dans tous les cas prévus à l'article 82, l'autorité minière supérieure doit immédiatement demander d'office la ratification du livre foncier (2).

Article 84. — Les droits d'usage et de jouissance qui, en vertu des articles 9, 22 et 121 de la loi sur les mines du 16 décembre 1873, peuvent être acquis par voie de procédure coercitive, ainsi que les travaux annexes visés par les dispositions des articles 49 et suivants de ladite loi, acquièrent la qualité de droits réels, même sans inscription au livre foncier, par la prise de possession.

Article 85. — La signification prescrite par l'article 136 de la loi sur les mines du 16 décembre 1873 est faite, en tant que le livre foncier doit être considéré comme établi, aux ayants droit qui y sont inscrits.

Loi du 21 avril 1810
sur les **Mines.**

TITRE II

DE LA PROPRIÉTÉ DES MINES

Article 5 (3). — Les mines ne peuvent être exploitées qu'en vertu d'un acte de concession délibéré en Conseil d'État.

Article 6 (3). — Cet acte règle les droits des propriétaires de la surface sur le produit des mines concédées.

---

(1) Pour les formalités de l'inscription, voir l'art. 10 de la loi du 6 novembre 1899 pour l'exécution de la loi sur le livre foncier (G. B. p. 137). Dans les circonscriptions où le livre foncier ne doit pas être considéré comme établi, l'inscription doit être faite au registre de propriété (art. 87 de la loi d'exécution du Code civil et art. 27 de la loi du 6 novembre 1899).

(2) Voir l'article 18 de la loi du 6 novembre 1899 pour l'exécution de la loi sur le livre foncier.

(3) Introduit par le décret du 3 août 1923.

TITRE III

DES ACTES QUI PRÉCÈDENT LA DEMANDE EN CONCESSION DE MINES

1re Section.

De la recherche et de la découverte des mines.

ARTICLE 10₂. — Pour les recherches de pétrole et de gaz combustibles, il peut être institué, après une enquête spéciale où tous les intéressés sont appelés à présenter leurs observations, un permis exclusif de recherches, conférant au titulaire le droit d'exécuter des sondages dans un périmètre déterminé, à l'exclusion de toute autre personne y compris les propriétaires du terrain. Le permis est accordé, après avis du Conseil Général des Mines, par un décret qui est affiché aux frais du permissionnaire. Sa durée, fixée par le décret, n'excède pas deux ans; elle peut être prorogée pour un laps de temps n'excédant pas un an, par arrêté du ministre, sur l'avis du Conseil Général des Mines.

« La superficie des permis exclusifs de recherches ne pourra dépasser 5.000 hectares.

« Une même personne pourra être simultanément titulaire de plusieurs permis exclusifs de recherches, à condition que les limites de ces différents permis soient distantes de plus de dix kilomètres.

« Le titulaire du permis exclusif est tenu, à peine de déchéance :

« 1° De payer à l'État une redevance fixe annuelle de 3 francs par hectare de terrain compris dans le périmètre ;

« 2° De se conformer aux conditions énoncées dans le décret ou dans l'arrêté ministériel en ce qui touche notamment l'importance et la continuité des travaux à exécuter, ainsi que les délais dans lesquels ils devront être commencés.

« La redevance dont il est question ci-dessus sera due depuis le 1er du mois qui suivra celui au cours duquel aura été délivré le permis jusqu'à la fin du mois où il aura cessé d'être valable.

« Elle sera imposée et recouvrée comme la redevance fixe des mines, et les réclamations seront présentées et jugées comme en matière de contributions directes.

« Le propriétaire d'une concession d'hydrocarbures a droit, par préférence, dans l'étendue de sa concession, à l'obtention d'un permis exclusif pour la recherche des produits hydrocarburés dont il n'est pas concessionnaire.

« Si une demande de permis de recherches de pétroles ou gaz combustibles est présentée par un demandeur pour s'exercer dans le périmètre d'une concession d'autres hydrocarbures, le droit de préférence accordé, par le paragraphe précédent, au titulaire de la concession sera réputé caduc, s'il ne s'est pas exercé dans un délai de six mois à compter de la clôture de l'enquête prévue au présent article.

« A défaut, pour le concessionnaire, de faire valoir ce droit, ou s'il en est déchu pour non-renouvellement du permis ou inexécution des obligations qu'il lui impose, les demandes de permis de recherches, présentées par des tiers, sont recevables. »

2e Section.

De la préférence à accorder pour les concessions.

ARTICLE 16 (1). — Le Gouvernement juge des motifs ou considérations d'après lesquels la préférence doit être accordée aux divers demandeurs en concession, qu'ils soient propriétaires de la surface, inventeurs ou autres.

(1) Introduit par le décret du 3 août 1923.

En cas que l'inventeur n'obtienne pas la concession d'une mine, il aura droit à une indemnité de la part du concessionnaire; elle sera réglée par l'acte de concession.

Ce qui suit a été ajouté par la loi du 16 décembre 1922:

Le titulaire d'un permis de recherches exclusif d'hydrocarbures liquides ou gazeux a droit à l'obtention de la concession, dont le périmètre sera déterminé par le Gouvernement, s'il satisfait aux deux conditions suivantes:

« 1° Avoir, pendant la période de validité du permis, fourni la preuve de l'existence d'un gisement d'hydrocarbures à l'intérieur du périmètre de ce permis, et présenté une demande de concession;

« En cas de contestation sur l'existence du gisement, il sera statué, sur avis conforme du conseil général des mines;

« 2° Accepter un cahier des charges conforme au cahier des charges-type des concessions minières. Ce cahier des charges devra contenir en son article 28 une disposition imposant au concessionnaire l'obligation d'effectuer un minimum annuel de travaux. »

Article 17 (1). — L'acte de concession fait après l'accomplissement des formalités prescrites purge, en faveur du concessionnaire, tous les droits des propriétaires de la surface et des inventeurs, ou de leurs ayants droit, chacun dans leur ordre, après qu'ils ont été entendus ou appelés légalement, ainsi qu'il sera ci-après réglé.

Article 18 (1). — La valeur des droits résultant en faveur du propriétaire de la surface, en vertu de l'article 6 de la présente loi, demeurera réunie à la valeur de ladite surface et sera affectée avec elle aux hypothèques prises par les créanciers du propriétaire.

Article 19 (1). — Du moment où une mine sera concédée même au propriétaire de la surface, cette propriété sera distinguée de celle de la surface, et désormais considérée comme propriété nouvelle, sur laquelle de nouvelles hypothèques pourront être assises, sans préjudice de celles qui auraient été ou seraient prises sur la surface et la redevance, comme il est dit à l'article précédent.

Si la concession est faite au propriétaire de la surface, ladite redevance sera évaluée pour l'exécution dudit article.

TITRE IV

DES CONCESSIONS

2e Section.

Des obligations des propriétaires de mines.

Article 42 (1) — Le droit attribué par l'article 6 de la présente loi aux propriétaires de la surface sera réglé à une somme déterminée par l'acte de concession.

Article 46 (1). — Toutes les questions d'indemnités à payer par les propriétaires de mines, à raison des recherches ou travaux antérieurs à l'acte de concession, seront décidées conformément à l'article 4 de la loi du 28 pluviôse an VIII.

TITRE V

DE L'EXERCICE DE LA SURVEILLANCE SUR LES MINES PAR L'ADMINISTRATION

Article 47 (1). — Les ingénieurs des mines exerceront, sous les ordres du Ministre de l'Intérieur et des Préfets, une surveillance de police pour la conservation des édifices et la sûreté du sol.

(1) Introduit par le décret du 3 août 1923.

Article 48 (1). — Ils observeront la manière dont l'exploitation sera faite, soit pour éclairer les propriétaires sur ses inconvénients ou son amélioration, soit pour avertir l'Administration des vices, abus ou dangers qui s'y trouveraient.

Article 49 (1). — Si l'exploitation est restreinte ou suspendue, de manière à inquiéter la sûreté publique ou les besoins des consommateurs, les Préfets, après avoir entendu les propriétaires, en rendront compte au Ministre de l'Intérieur, pour y être pourvu ainsi qu'il appartiendra (2).

Article 50 (texte nouveau, loi du 23 juillet 1907) (1). — Si les travaux de recherches ou d'exploitation d'une mine sont de nature à compromettre la sécurité publique, la conservation de la mine, la sûreté et l'hygiène des ouvriers mineurs, la conservation des voies de communication, celle des eaux minérales, la solidité des habitations, l'usage des sources qui alimentent les villes, villages, hameaux et établissements publics, il y sera pourvu par le Préfet.

TITRE VIII

DES CARRIÈRES

Article 82 (texte nouveau, loi du 27 juillet 1880) (1). — Quand l'exploitation a lieu par galeries souterraines, elle est soumise à la surveillance de l'administration des mines, dans les conditions prévues par les articles 47, 48 et 50.

TITRE X

DE LA POLICE ET DE LA JURIDICTION RELATIVES AUX MINES

Article 93 (1). — Les contraventions des propriétaires de mines exploitants, non encore concessionnaires, ou autres personnes, aux lois et règlements, seront dénoncées et constatées, comme les contraventions en matière de voirie et de police.

Article 95 (1). — Ils *(les procès-verbaux)* seront adressés en originaux à nos procureurs impériaux, qui seront tenus de poursuivre d'office les contrevenants devant les tribunaux de police correctionnelle, ainsi qu'il est réglé et usité pour les délits forestiers, et sans préjudice des dommages-intérêts des parties.

Article 96 (1). — Les peines seront d'une amende de cinq cents francs au plus et de cent francs au moins, double en cas de récidive ; et d'une détention qui ne pourra excéder la durée fixée par le Code de police correctionnelle.

Loi du 9 septembre 1919 (1)

modifiant la loi du 21 avril 1810 sur les mines en ce qui concerne la **durée des concessions** et la **participation de l'Etat aux bénéfices.**

Article premier. — A partir de la promulgation de la présente loi, il ne sera plus accordé de concessions de mine que pour une durée limitée et avec participation aux bénéfices, de l'Etat et du personnel, dans les conditions fixées par le cahier des charges qui devra être annexé au décret instituant la concession.

(1) Introduit par le décret du 24 décembre 1921.

(2) Voir l'article 10 de la loi du 27 avril 1838 (page 62).

Dans le cas d'exploitation par l'Etat des gisements découverts, un décret délibéré en Conseil d'Etat fixera le périmètre et réglera les droits des propriétaires de la surface sur les produits de l'exploitation et, s'il y a lieu, les indemnités dues aux inventeurs. La concession peut être accordée à un département, à une commune, autorisés par une loi, à un syndicat professionnel, dans des conditions qui seront fixées par une loi spéciale, à toute société commerciale, ainsi qu'à un particulier.

A l'expiration de la concession, ainsi qu'en cas de déchéance définitive ou de renonciation, les mines reviendront à l'Etat. Ces mines, comme celles pour lesquelles, en application du second alinéa du présent article, il ne serait pas institué de concession, pourront être exploitées par l'Etat, soit directement, soit en régie intéressée et après autorisation législative, ou par tout autre mode, dans les conditions déterminées par les cahiers des charges types prévus ci-après. Elles pourront être également replacées par l'Etat dans la situation de gisements ouverts aux recherches.

Les concessions de mines à temps constituent des droits immobiliers et seront, comme tels, susceptibles d'hypothèques.

Article 2. — Le cahier des charges déterminera notamment :

1° La durée de la concession, comptée à partir du 1er janvier qui suivra le décret d'institution.

Elle sera fixée par le cahier des charges type invariablement à quatre-vingt-dix-neuf ans pour les gisements de houille ou lignite ; à cinquante ans au minimum et à quatre-vingt-dix-neuf ans au maximum pour les autres gisements.

La même durée devra s'appliquer à toutes les concessions portant sur des gisements de même nature ;

2° La forme de la notification qui, avant le commencement de la vingt-cinquième année précédant la fin de la concession, doit être adressée par l'Administration au concessionnaire, à l'effet de lui faire savoir si elle entend ou non lui renouveler la concession.

Toutefois, avant le commencement de la vingt-sixième année précédant la fin de celle-ci, le concessionnaire devra, par lettre recommandée adressée au ministre, demander si l'Etat entend user de son droit de reprise de la concession.

Avant le commencement de la vingt-cinquième année précédant la fin de la concession, ou, en cas de retard du concessionnaire dans l'application du paragraphe précédent, dans le délai d'un an à dater de la réception de la demande visée par ce paragraphe, l'Administration devra notifier sa décision, faute de quoi la concession se trouvera de plein droit prolongée aux conditions antérieures pour une durée de vingt-cinq années à dater du terme antérieurement prévu.

Les dispositions contenues dans les deux paragraphes qui précèdent seront applicables, avec les mêmes délais, pour les préavis ultérieurs et les renouvellements par tacite reconduction par périodes de vingt-cinq années ;

3° Les mesures nécessaires pour que, en cas de non-renouvellement de la concession, les travaux de préparation, d'exploitation et d'entretien soient néanmoins entrepris et conduits jusqu'au terme de la concession, dans l'intérêt bien entendu de la mine, et spécialement : les règles d'imputation et d'amortissement des travaux de premier établissement qui, avec l'approbation de l'Administration, seraient exécutés par le concessionnaire pendant les vingt-cinq dernières années de la concession ; le mode de participation de l'Etat à cet amortissement ; les conditions administratives et financières dans lesquelles, pendant les cinq dernières années de la concession, le concessionnaire peut être astreint par l'Etat à exécuter les travaux jugés nécessaires à la future exploitation ; le mode de paiement par l'Etat de ces travaux ;

4° Les terrains, bâtiments, ouvrages, machines, appareils et engins de toute nature servant à l'exploitation de la concession et en constituant les dépendances immobilières, conformément à l'article 8 de la loi du 21 avril 1810, qui, à ce titre, doivent faire gratuitement retour à l'Etat. La fin de la concession entraînera l'extinction de tous droits hypothécaires; les conservateurs des hypothèques devront en opérer la radiation sur le vu de la décision ministérielle refusant de renouveler la concession ou en prononçant la déchéance (1);

5° Les conditions dans lesquelles, en fin de concession, l'Etat ou, le cas échéant, le concessionnaire nouveau peut reprendre, à dire d'experts, les matières extraites, les approvisionnements et autres objets mobiliers ainsi que les bâtiments et ouvrages ne rentrant pas dans la catégorie de ceux visés à l'alinéa précédent;

6° Les conditions dans lesquelles la déchéance peut être prononcée pour inobservation des obligations imposées aux concessionnaires; cette déchéance pourra être prononcée par le ministre, sauf le recours au Conseil d'Etat par la voie contentieuse.

Au cas où les dépenses par lui effectuées auraient augmenté la valeur vénale de la mine, le concessionnaire déchu a droit à une indemnité.

Le chiffre de cette indemnité sera fixé par le ministre dans la décision qui prononce la déchéance, sauf recours au Conseil d'Etat.

Cette indemnité, s'il y a lieu, sera distribuée aux créanciers privilégiés et aux créanciers hypothécaires par ordre d'hypothèques;

7° Les conditions dans lesquelles il peut être renoncé à la concession avant l'expiration de sa durée;

8° Les conditions financières, uniformes pour toutes les concessions de même nature, de la participation de l'Etat et du personnel aux bénéfices de l'exploitation, spécialement :

Le taux de l'intérêt annuel cumulatif alloué au capital investi dans l'entreprise et non remboursé au-dessus duquel l'Etat et le personnel employé entrent en participation;

L'échelle progressive d'après laquelle est calculée la part revenant à l'Etat et au personnel.

Les conditions dans lesquelles les participants viendront au partage de l'actif net après remboursement du capital, en cas de liquidation ou de cessation de l'exploitation de la concession, ces conditions devant être déterminées de telle façon que la part ainsi attribuée aux participants soit équivalente à l'ensemble des sommes qui leur eussent été annuellement versées si les bénéfices disponibles avaient été intégralement distribués;

Le mode de la participation calculée sur le produit net, qui sera égal au bénéfice de l'exploitation, comprenant le résultat des opérations consécutives et accessoires de celle-ci, déduction faite des frais généraux y compris l'intérêt du capital, des charges administratives, commerciales, fiscales et d'utilité générale et de l'amortissement des dépenses de premier établissement dont le mode et l'échelonnement seront fixés par le cahier des charges;

9° Les conditions générales de la participation de tout le personnel, employés et ouvriers, aux bénéfices de l'exploitation, laissant aux intéressés le soin de décider si la participation doit être faite individuellement au personnel et sous quelle forme, ou si le produit doit être employé conformément aux dispositions de la loi du 26 avril 1917, ou encore si la totalité ou une fraction de la part des bénéfices revenant au personnel doit être versée à la caisse

(1) Voir page 5 l'article premier du décret du 24 décembre 1921 étendant ces dispositions aux autres droits réels et substituant le livre foncier au registre des hypothèques.

autonome des ouvriers mineurs. Dans ce dernier cas, le conseil d'administration de la caisse pourra attribuer ces ressources, soit au fonds spécial prévu par l'article 10 de la loi du 25 février 1914, soit à des œuvres de prévoyance ou de solidarité sociale intéressant la collectivité des ouvriers mineurs. La part du personnel sera prélevée sur celle de l'Etat et à concurrence de 25 °/₀ de celle-ci ;

10° Lorsque le concessionnaire est une société, le capital initial auquel se constitue la société, ainsi que les conditions dans lesquelles doivent être soumises à l'approbation de l'Administration les augmentations ultérieures de ce capital ;

11° Les conditions dans lesquelles sera établi, appliqué et révisé un bordereau des salaires minima, qui devront être payés aux ouvriers de la mine et de ses dépendances ;

12° Les conditions particulières de la concession qui pourront comprendre l'établissement et le fonctionnement de Commissions mixtes patronales et ouvrières, de consortiums ou comptoirs de vente ou d'exportation ; la construction ou l'alimentation d'usines chimiques, métallurgiques ou de hauts-fourneaux. Le tout devant être prévu et précisé au moment de la concession, sans aggravation possible au cours de celle-ci.

Article 3. — Il est institué un « Comité consultatif des mines » comprenant des techniciens de l'Administration des mines, des membres du Conseil d'Etat et des Administrations publiques intéressées, des exploitants de mines et des ouvriers mineurs désignés respectivement par chaque catégorie d'intéressés, et des membres du Parlement.

Le Comité consultatif est obligatoirement appelé à donner son avis sur les conditions des cahiers des charges types et leurs modifications.

En dehors de leurs membres, qui pourront être désignés par le Ministre à raison de leurs aptitudes ou de leurs fonctions actuelles ou anciennes, le Sénat et la Chambre des députés seront obligatoirement représentés dans le Comité consultatif par cinq sénateurs et sept députés élus respectivement par le Sénat et la Chambre, tous les quatre ans.

Un décret portant règlement d'Administration publique déterminera les attributions, la composition détaillée et le fonctionnement de ce Comité.

Article 4. — Des règlements d'administration publique détermineront les conditions d'application de la présente loi et fixeront notamment :

1° Le texte des cahiers des charges types ;

2° L'étendue et les conditions d'exercice du contrôle financier auquel les concessions sont assujetties, les pouvoirs attribués aux représentants de l'Etat chargés de ce contrôle ;

3° Les formes de l'instruction à laquelle donneront lieu les demandes en concession et l'institution d'exploitation d'Etat ; le délai dans lequel il doit être statué sur les demandes en concession ;

4° Les conditions administratives et financières auxquelles est soumise l'exploitation des mines par l'Etat.

Les organismes administratifs chargés de la gestion des mines exploitées par l'Etat sont assujettis aux mêmes droits, taxes et contributions de toutes natures, ainsi qu'aux mêmes obligations générales que les concessionnaires privés ; les charges des travaux d'établissement sont inscrites dans leurs comptes annuels ; en aucun cas, le délai d'amortissement des emprunts contractés par ces organismes ne peut être supérieur à cinquante ans.

Article 5. — L'exploitation des mines est considérée comme un acte du commerce ; cette disposition s'applique aux Sociétés civiles existantes, sans qu'il y ait lieu pour cela de modifier leurs statuts.

Article 6. — Un règlement d'administration publique déterminera les conditions dans lesquelles la présente loi sera appliquée à l'Algérie.

Cahier des charges-type des concessions minières.

Texte résultant des décrets des 21 avril 1920—28 mai 1923 (1).

CHAPITRE PREMIER

Obligations générales du concessionnaire.

ARTICLE PREMIER. — La concession des mines de (2) d (3) telle que le périmètre en est déterminé par le décret instituant ladite concession, sera régie par le présent cahier des charges, lequel demeurera annexé audit décret.

Le concessionnaire fera élection de domicile à . Dans le cas où il voudrait ultérieurement transférer ce domicile dans une autre commune, il sera tenu d'en faire la déclaration, prévue par l'article 1er du décret du 14 janvier 1909, au Préfet du siège de l'exploitation et au Ministre chargé de l'administration des mines.

(4) Le concessionnaire sera tenu de se substituer, dans le délai de...... à dater de la publication du décret précité, une Société commerciale spéciale, au capital de francs, ayant pour objet principal l'exploitation de la concession de , soit isolément, soit conjointement avec d'autres concessions de mines; la substitution ne sera valable qu'après avoir été approuvée conformément aux dispositions de l'article 138 de la loi du 13 juillet 1911.

La Société commerciale spéciale aura le droit d'augmenter ultérieurement son capital jusqu'à concurrence de (5) . Au delà de cette limite, le capital ne pourra être augmenté sans autorisation ministérielle. Cette autorisation sera considérée comme accordée si un refus n'est pas notifié à la Société dans le délai de deux mois à dater de la demande.

ART. 2. — Sauf les dérogations prévues à l'article 2bis, en ce qui concerne le concessionnaire initial et sous réserve de celles qui seraient accordées ultérieurement, par décret, toute société commerciale spéciale concessionnaire ou amodiataire de la mine de ayant pour objet principal l'exploitation de cette concession, soit isolément, soit conjointement avec d'autres concessions de mines, devra être constituée sous le régime de la loi française et satisfaire aux conditions suivantes :

Toutes les actions de la Société seront nominatives.

L'exercice social sera compté du 1er janvier au 31 décembre.

Si la Société spéciale est une société anonyme, le Président du Conseil d'administration, l'Administrateur-délégué, s'il y en a un, les Commissaires des comptes et les deux tiers au moins des membres du Conseil d'administration seront Français. Les décisions du Conseil d'administration ne seront valables que si le nombre des membres qui y ont pris part est supérieur à la moitié des membres en exercice.

Si la Société spéciale est une société en commandite par actions, les gérants seront Français, ainsi que les deux tiers des membres du Conseil de surveillance.

---

(1) Avec les modifications résultant du décret introductif du 10 août 1923.

(2) Indiquer la substance minérale faisant l'objet de la concession.

(3) Indiquer le nom de la concession tel qu'il est fixé par le décret d'institution.

(4) Ce paragraphe sera supprimé lorsque la Société spéciale qui doit exploiter la concession sera formée avant l'institution de la concession, ou lorsque la concession sera accordée à un particulier ou à une Société préexistante, sans obligation de substitution d'une Société spéciale.

(5) Inscrire ici le double du capital inscrit au paragraphe précédent si le concessionnaire doit se substituer une Société commerciale spéciale.

Si la Société spéciale est une société en nom collectif, tous les associés devront être Français.

Dans tous les cas, les Directeurs ayant la signature sociale devront être Français.

Article 2 bis. — (Inscrire ici les dérogations éventuelles aux conditions de l'article 2 accordées à la société en faveur de laquelle la concession est instituée) (1).

Article 3. — Le concessionnaire sera tenu de posséder en toute propriété et de maintenir en bon état d'entretien les bâtiments, ouvrages, machines, appareils et engins de toute nature qui doivent faire gratuitement retour à l'État à la fin de la concession, par application de l'article 11 du présent cahier des charges.

Il pourra, à son choix, soit acquérir les terrains, soit les prendre en location ou par voie d'occupation temporaire.

Les baux ou contrats relatifs à toutes les locations de terrains devront comporter une clause réservant expressément à l'État la faculté de se substituer au concessionnaire soit en cas de renonciation ou de déchéance de celui-ci, soit si l'expiration normale de la concession doit survenir au cours de la durée du contrat. Il en sera de même pour tous les contrats de fourniture d'énergie.

En cas de désaccord entre l'Administration et le concessionnaire pour l'application du présent article, il sera procédé comme il est dit à l'article 31.

CHAPITRE II

Durée de la concession. — Expiration. — Renonciation. Déchéance.

Article 4 (2). — La durée de la concession est fixée à ans, à dater du 1er janvier qui suivra la publication du décret instituant ladite concession et approuvant le présent cahier des charges.

Article 5. — Avant le commencement de la vingt-cinquième année précédant la fin de la concession, le Ministre décidera, après avis du Conseil général des Mines, s'il y a lieu ou non de renouveler la concession. Sa décision sera notifiée au concessionnaire dans la forme administrative.

Avant le commencement de la vingt-sixième année précédant la fin de la concession, le concessionnaire devra demander au Ministre, par lettre recommandée, si l'État entend user de son droit de reprise de la concession. Le Ministre lui accusera immédiatement réception de cette lettre. En cas de retard dans l'envoi de la demande du concessionnaire, le Ministre aura un délai d'un an, à dater de la réception de cette demande, pour notifier au concessionnaire la décision prise par lui en exécution du paragraphe précédent.

A moins de décision contraire du Ministre, notifiée dans le délai imparti,

(1) Les dérogations aux clauses de nationalité ne pourront être accordées que par décret contresigné par le Président du Conseil, le Ministre chargé de l'administration des mines et le Ministre des Affaires étrangères, conformément à l'article 2 du décret du 28 mai 1923).

(2) La durée de la concession sera fixée invariablement :

A 99 ans tant pour les mines de houille et de lignite que pour les autres mines de combustibles (pétrole, hydrocarbures), les mines de fer et les mines de pyrite de fer ;

A 50 ans pour les mines de graphite, platine, or, titane, molybdène, bismuth, cobalt, cadmium, vanadium, radium ;

A 75 ans pour les autres mines.

Les concessions mixtes portant sur plusieurs substances dénommées auront une durée de 75 ans si les substances dénommées ne rentrent pas toutes soit dans la catégorie de celles pour lesquelles la durée de la concession est fixée à 99 ans, soit dans la catégorie de celles pour lesquelles la durée de la concession est fixée à 50 ans.

la concession se trouvera de plein droit prorogée aux conditions antérieures pour une durée de vingt-cinq années à dater du terme antérieurement prévu.

Si le concessionnaire n'a pas adressé sa demande au Ministre avant le commencement de la vingt-sixième année précédant la fin de la concession, celle-ci ne sera pas renouvelée et prendra fin au terme antérieurement prévu.

Il sera procédé à nouveau, conformément aux dispositions ci-dessus, avant l'expiration du délai pour lequel la concession aurait été prolongée.

Article 6. — Pendant le délai qui s'écoulera entre la décision refusant de prolonger la concession et l'expiration de celle-ci, le concessionnaire ouvrira, pour les travaux de premier établissement exécutés, un compte spécial où seront portées les dépenses relatives à ceux de ces travaux dont l'amortissement sera supporté en partie par l'État dans les conditions ci-après déterminées.

Le concessionnaire devra, avant le 1er mai de chaque année, soumettre à l'Ingénieur en chef des Mines le projet, avec évaluation des dépenses probables, de tous les travaux de premier établissement qu'il a l'intention d'effectuer au cours de l'année suivante, et dont il propose d'imputer les dépenses au compte spécial. L'Ingénieur en chef aura toutefois la faculté de prolonger au delà du 1er mai le délai imparti au concessionnaire pour la présentation de ce projet de travaux.

L'Ingénieur en chef examinera dans quelle mesure les travaux projetés constituent bien des travaux de premier établissement et s'ils présentent de l'intérêt pour l'exploitation future ; il fixera en conséquence le montant des dépenses qui seront portées au compte spécial à ce titre.

Faute par l'Ingénieur en chef d'avoir fait connaître sa décision dans un délai de quatre mois après réception par lui du projet présenté par le concessionnaire, l'admission des dépenses au compte spécial sera réputée agréée.

Avant le 1er avril de chaque année, le compte spécial de l'année précédente sera présenté à l'Ingénieur en chef des Mines, qui aura tous pouvoirs pour vérifier l'exactitude des dépenses, s'assurer qu'elles se rapportent aux travaux admis à ce compte et prescrire, s'il y a lieu, les rectifications nécessaires.

Les dépenses ainsi admises seront réputées inscrites au compte spécial à la date du 1er janvier de l'année qui suivra l'exécution des travaux. L'amortissement en sera effectué annuellement sur ce compte, en prenant pour base un taux uniforme et forfaitaire d'un vingt-cinquième de leur montant initial.

Quand la concession aura pris fin, le total des sommes non encore amorties en vertu de l'alinéa qui précède sera porté au débit de l'État pour le règlement de compte prévu par l'article 20.

Si le solde de ce compte est en faveur du concessionnaire, les sommes dues par l'État au concessionnaire lui seront versées dans les douze mois qui suivront le terme de la concession. A partir du commencement du septième mois, ces sommes porteront intérêt au profit du concessionnaire, d'après un taux déterminé comme il est dit à l'article 11 ci-après.

En cas de désaccord entre l'Administration et le concessionnaire pour l'application du présent article, il sera procédé comme il est dit à l'article 31.

Article 7. — A dater de la cinquième année précédant le terme de la concession, le concessionnaire sera tenu d'exécuter, aux frais de l'État, les travaux que l'Ingénieur en chef des Mines jugera nécessaires à la préparation et à l'aménagement de l'exploitation future.

A cet effet, l'Ingénieur en chef des Mines lui remettra, avant le 1er mai de chaque année, le programme des travaux qu'il sera tenu d'exécuter pour le compte de l'État dans le courant de l'année suivante.

Ces programmes seront conçus de manière à ne pas mettre le concessionnaire dans l'impossibilité de réaliser, pour chacune des cinq années de la dernière période, une extraction au moins égale à la moyenne des cinq années de la période quinquennale précédente diminuée de 10 p. 100.

Le concessionnaire devra communiquer à l'Ingénieur en chef des Mines les projets des marchés à passer pour ces travaux, tant marchés de fournitures que marchés pour exécution de travaux par entreprise. Ces marchés ne pourront être passés par le concessionnaire qu'après avoir été acceptés par l'Ingénieur en chef des Mines.

Le concessionnaire demeurera responsable de l'exécution des travaux effectués par lui pour le compte de l'Etat, en tout ce qui concerne les lois et règlements sur l'exploitation des mines.

En cas de désaccord entre l'Administration et le concessionnaire pour l'application du présent article, il sera procédé comme il est dit à l'article 31.

ARTICLE 8. — Les prix adoptés, tant pour le calcul des dépenses à porter au compte spécial par application des dispositions de l'article 6 que pour le règlement des frais des travaux exécutés pour le compte de l'Etat en conformité de l'article 7, seront : pour la main-d'œuvre, les prix appliqués par le concessionnaire dans les travaux effectués pour son propre compte ; pour les travaux qui seraient exécutés à l'entreprise et pour les fournitures, les sommes payées à l'entrepreneur ou au fournisseur.

Une juste ventilation sera faite pour toutes les dépenses d'établissement, d'exploitation et d'entretien qui seraient communes aux travaux du concessionnaire et aux travaux commandés par l'Etat.

Le coût des travaux ainsi déterminé sera majoré à forfait dans une proportion convenable pour tenir compte des frais généraux et dépenses accessoires.

En cas de désaccord entre l'Administration et le concessionnaire pour l'application du présent article, il sera procédé comme il est dit à l'article 31.

ARTICLE 9. — Le relevé des dépenses, effectuées au cours de chaque année par le concessionnaire pour le compte de l'Etat par application de l'article 7, sera présenté avant le 1er avril de l'année suivante.

Il sera statué sur ce compte ainsi qu'il est dit à l'article 6.

L'Etat devra verser, dans le mois qui suivra la présentation de ce compte, un compte égal aux neuf dixièmes du montant de la créance et payer le solde dans le mois qui suivra l'arrêté définitif du compte.

Les avances que l'Etat pourra demander chaque année au concessionnaire de faire pour son compte, en vue de l'exécution des travaux prévus à l'article 7, ne pourront en aucun cas dépasser 40 p. 100 du fonds de roulement moyen afférent aux cinq années de la période quinquennale précédente.

ARTICLE 10. — L'Etat sera responsable, vis-à-vis des tiers, des indemnités ou réparations dues pour dégâts de surface se manifestant après qu'il aura repris la concession pour quelque cause que ce soit, sauf recours contre l'ancien concessionnaire pendant une durée de cinq ans à dater de la reprise.

ARTICLE 11. — Les terrains, bâtiments, ouvrages, machines, appareils et engins de toute nature qui doivent faire gratuitement retour à l'Etat à la fin de la concession, en vertu du 4° de l'article 2 de la loi du 9 septembre 1919, sont les suivants :

1° Les terrains acquis par le concessionnaire pour l'exploitation de la mine ;

2° Les bâtiments, puits, galeries et autres travaux établis à demeure ;

3° Les machines, appareils et engins de toute nature servant à l'exploitation de la concession et présentant un caractère immobilier, conformément à l'article 8 de la loi du 21 avril 1810 ;

4° Les installations et le matériel servant aux opérations commerciales et industrielles consécutives et accessoires à l'exploitation de la mine qui, en vertu de l'article 4 de la loi de finances du 8 avril 1910, sont comprises dans le calcul du produit net pour la détermination de la redevance proportionnelle.

Pour assurer l'exécution du présent article, aucune cession de la concession ne sera autorisée si elle ne comprend pas la totalité des installations et du matériel qui, en vertu des dispositions ci-dessus, doivent appartenir gratuitement à l'Etat en fin de concession.

ARTICLE 12. — En fin de concession, l'Etat aura la faculté de racheter pour son compte ou, le cas échéant, pour le compte du nouveau concessionnaire ou de l'amodiataire qu'il désignera :

1° Tout ou partie des matières extraites, approvisionnements et autres objets mobiliers ;

2° Les installations immobilières se rattachant à l'exploitation de la mine, mais n'entrant pas dans la catégorie de celles auxquelles s'applique l'article 11 qui précède.

Deux ans au moins avant la fin de la concession, l'Ingénieur en chef des Mines fera connaître au concessionnaire sur quels éléments l'Etat entend exercer sa faculté de rachat.

A défaut d'entente sur la distinction des immeubles et des meubles, sur l'exercice soit du droit de reprise gratuite, soit de la faculté de rachat, ou sur l'évaluation de l'actif racheté, il sera procédé comme il est dit à l'article 31.

ARTICLE 13. — Si le concessionnaire veut renoncer à la totalité ou à une partie de la concession avant l'expiration de sa durée, il devra en faire la demande par lettre recommandée adressée au Ministre, qui en accusera réception.

A cette lettre seront joints :

1° Le plan et l'état descriptif des travaux d'exploitation ;

2° Un certificat du juge du livre foncier constatant qu'il n'existe point d'inscriptions d'hypothèques ou autres droits réels sur la concession ou, dans le cas contraire, un état des inscriptions qui auraient été faites, en y joignant leur mainlevée au moins pour la partie à laquelle le concessionnaire entend renoncer.

S'il s'agit d'une demande en renonciation partielle, comportant une modification des limites du périmètre de la concession, cette demande devra être accompagnée, en sus des pièces ci-dessus indiquées, d'un plan de la concession existante, en triple expédition, à l'échelle de 1/10,000e, et portant l'indication des limites du nouveau périmètre sollicité. Il sera statué sur cette demande comme en matière d'institution de concession.

S'il s'agit d'une demande en renonciation totale, il sera statué sur la demande lorsque les pièces ci-dessus indiquées auront été fournies. L'Administration pourra demander au concessionnaire d'exécuter certains travaux préalablement à l'acceptation de la renonciation. Ces conditions remplies, l'acceptation de la renonciation sera de droit. Elle sera prononcée par une décision ministérielle prise après avis du Conseil général des Mines et notifiée au concessionnaire en la forme administrative. La renonciation ne produira effet qu'après cette acceptation.

Les droits respectifs de l'Etat et du concessionnaire seront réglés, à l'expiration du terme nouveau résultant de la renonciation, conformément aux dispositions fixées par le présent cahier des charges pour le cas d'expiration normale de la concession.

ARTICLE 14. — Outre les cas de déchéance prévus par les lois en vigueur, le retrait de la concession pourra être prononcé si le concessionnaire contrevient aux dispositions des articles 1, 2 et 3 du présent cahier des charges, ou s'il refuse ou néglige soit d'exécuter les travaux visés par l'article 7, soit de remplir tout ou partie des obligations particulières qui lui sont imposées par l'article 28 ci-après.

L'un de ces cas de déchéance survenant, le Préfet notifiera au concessionnaire une mise en demeure de régulariser sa situation dans un délai qui ne pourra être inférieur à six mois.

Si le concessionnaire n'a pas régularisé sa situation dans le délai imparti ou n'a pas fourni une justification satisfaisante de sa situation, sa déchéance pourra être prononcée par un arrêté du Ministre chargé des mines.

Cet arrêté sera notifié au concessionnaire, qui pourra, dans le délai de deux mois, le déférer au Conseil d'Etat par la voie contentieuse. Le recours sera suspensif. A l'expiration du délai de recours ou, en cas de recours, après la notification de la décision confirmative de l'arrêté du Ministre, l'arrêté sera inséré au *Journal Officiel* et transcrit sur le livre foncier à la requête de l'Administration.

La publication de l'arrêté de déchéance ayant pour effet de transférer à l'Etat la propriété de la concession, il sera fait alors application des dispositions prévues au présent cahier des charges pour le cas d'expiration normale de la concession.

Au cas où les dépenses par lui effectuées auraient augmenté la valeur vénale de la mine, le concessionnaire déchu aurait droit à une indemnité. Le chiffre de cette indemnité sera fixé par le Ministre dans l'arrêté prononçant la déchéance, sauf recours au Conseil d'Etat.

CHAPITRE III

Clauses financières.

ARTICLE 15. — La part de bénéfice que le concessionnaire sera tenu de verser à l'Etat, en sus des impôts et redevances, et au personnel, sera calculée comme il est indiqué aux articles ci-après.

Cette part sera prélevée sur l'excédent du bénéfice par rapport à l'intérêt réservé au concessionnaire avant partage, lequel excédent constituera le superbénéfice.

ARTICLE 16. — Le taux de l'intérêt réservé sera calculé, dans tous les cas, en ajoutant deux pour cent au taux du revenu donné par la rente perpétuelle française comportant l'intérêt nominal le plus élevé, d'après le cours moyen de cette rente pendant la période déterminée, pour chaque cas, comme il est dit aux articles suivants. Ce taux sera arrondi par excès en décimes.

L'intérêt ainsi réservé sera cumulatif; en conséquence, si le bénéfice lui est inférieur dans certaines années, la différence sera reportée aux années subséquentes, en addition à l'intérêt réservé afférent à ces années, de telle sorte que le superbénéfice à partager n'apparaisse que quand tout l'arriéré aura été comblé sans intérêts de retard.

La part de l'Etat et du personnel dans le bénéfice sera calculée d'après l'importance du superbénéfice, par rapport au capital déterminé comme il est dit à l'article suivant.

Cette part atteindra, pour les deux bénéficiaires réunis :

10 %	sur la fraction du superbénéfice inférieure à			2 %	de ce capital;
15 %	»	»	comprise entre	2 et 4 %	de ce capital;
20 %	»	»	»	4 et 6 %	»
25 %	»	»	»	6 et 10 %	»
30 %	»	»	»	10 et 20 %	»
35 %	»	»	»	20 et 30 %	»
40 %	»	»	»	30 et 40 %	»
45 %	»	»	»	40 et 50 %	»
50 %	»	»	»	50 et 60 %	»
55 %	»	»	»	60 et 70 %	»
60 %	»	»	»	70 et 80 %	»
65 %	»	»	»	80 et 90 %	»
70 %	»	»	»	90 et 100 %	»
et 75 %	»	»	excédant	100 %	»

sans que la progression continue au delà de cette proportion.

Pour les années durant lesquelles il n'aura été fait dans la concession aucune dépense d'exploitation ni de premier établissement, il ne sera attribué au capital aucun intérêt réservé.

Article 17. — Le capital auquel correspondra l'intérêt réservé et qui servira de base pour l'application du barème de l'article 16 comprendra, d'une part, le fonds de roulement et, d'autre part, la part immobilisée constituée par le montant de dépenses réellement faites pour l'exploration du gisement, pour la constitution de la Société spéciale prévue à l'article premier et pour les ouvrages, les installations et le matériel nécessaires à l'exploitation de la mine et des industries annexes dont le produit entre en compte dans le calcul de la redevance, *augmenté d'une somme de représentant l'indemnité d'invention et* (1) diminué des amortissements portés au compte d'exploitation comme il est dit au dernier paragraphe de l'article 18 ci-après.

N'entreront pas en compte, pour la détermination du capital, les dépenses d'établissement relatives aux installations immobilières qui ne doivent point faire retour à l'Etat à la fin de la concession.

Lorsque le compte d'exploitation, établi comme il sera indiqué à l'article 18, se soldera par une perte, le montant de cette perte sera considéré comme une dépense d'établissement à porter au compte capital.

Le fonds de roulement sera évalué à forfait, pour chaque année, au tiers des dépenses d'exploitation de l'année.

Pour le fonds de roulement et pour les dépenses d'établissement de chaque année, le taux de l'intérêt réservé à appliquer sera déterminé comme il est dit au premier paragraphe de l'article 16, en prenant le cours moyen de la rente pendant cette année. Il sera procédé de même pour calculer la déduction à faire sur l'intérêt réservé, à raison des sommes retranchées du compte d'établissement à la fin de l'année pour amortissement ou pour toute autre cause.

Article 17bis (2). — Le capital initial représentant la part immobilière est fixé forfaitairement à la somme de .

Article 18. — Le bénéfice d'une année, d'après lequel sera déterminé le superbénéfice, est l'excédent des recettes d'exploitation sur les dépenses d'exploitation et les amortissements.

Entrent en compte pour le calcul du bénéfice toutes les opérations commerciales ou industrielles, consécutives et accessoires à l'exploitation de la mine, qui, en vertu de l'article 4 de la loi de finances du 8 avril 1910, sont comprises dans le calcul du produit net pour la détermination de la redevance proportionnelle. Mais les dépenses et produits afférents aux installations immobilières qui font l'objet du 2° du premier paragraphe de l'article 12 du présent cahier des charges n'entrent pas en compte pour le calcul du bénéfice.

Les recettes d'exploitation sont constituées par le montant de la vente des produits de la mine et de ses établissements annexes qui ont été vendus au cours de l'année. Toutefois, si ces produits sont partagés en nature ou sont consommés ou vendus dans des conditions comportant un abaissement de leur prix au-dessous de leur valeur normale, de façon à réduire indûment le bénéfice, les recettes d'exploitation seront évaluées en tenant compte de la valeur marchande de ces produits.

Les dépenses d'exploitation admises en compte chaque année ne comprennent pas le coût des installations portées au compte du capital, comme il est

---

(1) Les mots en italique sont à supprimer s'il n'y a pas eu invention qui eût été de nature à légitimer l'allocation d'une indemnité, dans les termes de l'article 16 de la loi de 1810, en cas de concession faite à un autre que l'inventeur.

(2) Cet article sera supprimé lorsque le capital initial n'est pas fixé forfaitairement au moment de l'institution de la concession.

dit à l'article 17 ci-dessus; elles comprennent les charges administratives, commerciales, fiscales et d'utilité générale.

A partir de l'ouverture du compte spécial prescrit par l'article 6 du présent cahier des charges, seront portés comme dépenses, chaque année, les amortissements prescrits par cet article, à la charge du concessionnaire, sur les dépenses d'établissement inscrites audit compte.

Il ne sera tenu compte, ni en recettes ni en dépenses, de la valeur des fournitures effectuées ou des services rendus sur prix d'ordre à la mine ou à ses établissements annexes, ni de la valeur des prestations bénéficiant au personnel de l'exploitation.

Si le compte d'exploitation résultant de la différence entre les recettes et les dépenses d'exploitation se solde en bénéfice, tout ou partie de ce bénéfice d'exploitation sera consacré à des amortissements à porter en déduction de la partie immobilisée du capital. Ces amortissements seront fixés chaque année par le concessionnaire dans la limite du dixième des immobilisations, un amortissement plus rapide pouvant toutefois être autorisé par décision spéciale du Ministre, prise dans les formes prévues pour le règlement des comptes de partage. Pour la dernière année de la concession, soit en cas d'expiration normale de la concession, soit en cas de déchéance ou de renonciation du concessionnaire, l'amortissement pourra, sans autorisation spéciale, s'élever jusqu'à la totalité du capital immobilisé et non encore amorti.

Article 18bis (1). — La répartition des recettes et dépenses d'exploitation entre la mine et la minière s'effectuera sur les bases suivantes :

Article 19. — En cas de cession de la mine à un nouvel exploitant, le prix de cession constituera la partie immobilisée du capital initial pour le calcul du revenu réservé et pour la détermination du superbénéfice, en ce qui concerne le nouveau concessionnaire.

Si ce prix excède la partie immobilisée du capital, calculée comme il est dit à l'article 17, pour la dernière année de l'exploitation par l'ancien concessionnaire, l'excédent, constituant un bénéfice complémentaire réalisé par ce concessionnaire, sera considéré comme provenant de superbénéfices complémentaires égaux pour tous les exercices. L'État et le personnel prélèveront, sur les superbénéfices complémentaires ainsi attribués à chaque exercice, la part leur revenant d'après le barème de l'article 16, appliqué en tenant compte du superbénéfice ayant servi de base au partage du bénéfice pour chaque exercice. Dans le cas où une partie des stocks, des approvisionnements et autres objets mobiliers afférents à la mine ne serait pas comprise dans le prix de vente, sa valeur serait ajoutée au prix de vente pour l'application du présent article.

Article 20. — Lorsque la concession prendra fin, soit par l'expiration de sa durée, soit par renonciation ou déchéance du concessionnaire, la valeur à dire d'experts des stocks, approvisionnements et autres objets mobiliers existant au dernier jour de la concession constituera l'actif à partager.

Sur cet actif, le concessionnaire prélèvera, s'il y a lieu :

1° Le montant du capital immobilisé et non encore amorti ;

2° Les sommes nécessaires pour compléter l'intérêt cumulatif afférent aux années antérieures.

Le surplus, constituant un bénéfice complémentaire réalisé par le concessionnaire, sera considéré comme provenant de superbénéfices complémentaires égaux pour tous les exercices et partagé comme il est indiqué à l'article 19 ci-dessus.

Article 21. — Le concessionnaire sera tenu de présenter à l'Etat les

(1) Cet article peut être introduit dans le cas d'une mine avec minière superposée.

comptes nécessaires au calcul du capital investi et du superbénéfice, pour chaque année, avant le 1er mai de l'année suivante.

Il devra verser, dans le mois qui suivra la présentation de chaque compte, la part revenant à l'Etat et au personnel telle qu'elle résultera de ce compte. Cette part sera imputée au compte des profits et pertes de l'exercice donnant lieu à partage.

En cas de retard, les sommes dues porteront intérêt au taux prévu par l'article 16 pour l'année où le payement aurait dû être effectué.

En cas de vente ou de cession, l'acheteur sera caution vis-à-vis de l'Etat des sommes revenant à celui-ci et aux ouvriers en vertu de l'article 19 ci-dessus. Dans le cas où ces sommes excéderaient celles qui seraient disponibles sur le prix de vente, le Ministre des Finances pourra, sur la demande faite d'un commun accord par le vendeur et l'acheteur, accorder terme et délai pour le payement, en déterminant les garanties qu'il jugerait nécessaires.

Article 22. — Le concessionnaire sera tenu, à toute époque, de communiquer à l'Ingénieur en chef la comptabilité de l'exploitation ainsi que tous les documents que celui-ci jugerait nécessaires pour vérifier l'exactitude des comptes présentés en vue de l'application des articles 17 à 20 ci-dessus, y compris ceux qui concerneraient les autres entreprises du concessionnaire dans la mesure où elles auraient, à ce point de vue, une connexité quelconque avec l'exploitation de la mine.

Dans cette vérification, l'Ingénieur en chef pourra se faire suppléer par l'Ingénieur ordinaire. Il pourra, en outre, se faire assister de fonctionnaires pris en raison de leur compétence spéciale et appartenant à l'Administration des Mines ou à celle des Finances.

Article 23. — Indépendamment du contrôle prévu à l'article 22 ci-dessus, le concessionnaire sera tenu de se soumettre à toutes les vérifications auxquelles le Ministre des Finances jugerait utile de faire procéder par l'Inspection générale des Finances.

Article 24. — En cas d'amodiation de la mine, les conditions dans lesquelles sera appliqué le partage des bénéfices avec l'Etat dans les proportions prévues à l'article 16 ci-dessus seront déterminées par un cahier des charges complémentaire annexé au décret qui autorisera l'amodiation.

Article 25. — S'il est ultérieurement établi, à la charge des exploitations minières, un impôt spécial instituant la participation légale de l'Etat aux bénéfices de ces exploitations, les sommes dues à l'Etat à titre de participation contractuelle résultant des dispositions ci-dessus seront diminuées du montant de cet impôt.

Article 26. — Les comptes présentés par le concessionnaire, pour l'application des articles 15 à 25 ci-dessus, seront arrêtés par le Ministre chargé des mines, après avis du Ministre des Finances, sur le rapport d'une Commission de vérification des comptes des exploitations minières, instituée par arrêté concerté entre les deux Ministres. Cette Commission devra fournir son rapport dans le délai de huit mois à dater de la présentation des comptes par le concessionnaire.

Article 27. — Sur la somme due par le concessionnaire en exécution de l'article 15, il sera attribué 25 p. 100 au personnel ; le surplus appartiendra à l'Etat.

La somme attribuée au personnel sera versée à la Caisse Minière de Secours et de Retraites à laquelle il sera affilié, à moins que des ouvriers ou employés de la mine et de ses dépendances, représentant plus de 20 p. 100 de l'effectif total du personnel, ne réclament une répartition individuelle, par une pétition adressée au Ministre de qui relèvera ladite caisse. Dans ce cas, s'il y a effectivement lieu à partage de bénéfice par application de l'article 15, le Ministre fera procéder à un vote des ouvriers et employés, à l'effet d'établir si la majorité désire renoncer au versement à la Caisse Minière de Secours et de Retraites pour adopter la répartition individuelle. Si la majorité se prononce pour la répartition individuelle, le Ministre fera procéder à un second vote par lequel les ouvriers et employés désigneront cinq délégués chargés de préparer un projet de règlement pour cette répartition. Les votes dont il est question ci-dessus se feront dans les conditions prévues pour l'élection des anciens des Caisses Minières de Secours et de Retraites.

Le règlement élaboré par les délégués, élus comme il vient d'être dit, n'entrera en vigueur qu'après avoir été homologué par le Ministre; il ne pourra être modifié avant cinq ans.

Après cette période de cinq ans, si des ouvriers et employés représentant plus de 20 p. 100 de l'effectif total du personnel demandent au Ministre une modification de ce règlement, il sera procédé à nouveau, comme il a été dit ci-dessus, à la désignation de cinq délégués du personnel qui auront pour mission soit de décider le versement à la Caisse Minière de Secours et de Retraites, soit d'élaborer un nouveau règlement. Ce nouveau règlement devra être, comme le précédent, homologué par le Ministre avant d'entrer en vigueur et ne pourra être modifié avant l'expiration d'une nouvelle période de cinq années.

Dans le cas où la concession serait exploitée par une Société à participation ouvrière fonctionnant conformément à la loi du 26 avril 1917, le règlement relatif à la répartition de la part du personnel déterminera, en se référant aux statuts de la Société, dans quelle mesure la part revenant au personnel sera attribuée aux actions de travail.

Dans tous les cas, le montant de la part du personnel, ainsi que sa répartition entre les parties prenantes, sera porté par voie d'affiches à la connaissance du personnel de la mine. Ces affiches, établies par le concessionnaire, seront soumises au visa préalable de l'Ingénieur en chef des Mines.

CHAPITRE IV

Conditions particulières de la concession.

Article 28. — (Conditions qui seraient imposées conformément au paragraphe 12e de l'article 2 de la loi du 9 septembre 1919.)

CHAPITRE V

Clauses diverses

Article 29. — Le concessionnaire devra établir un bordereau des salaires minima à payer aux ouvriers de la mine et de ses dépendances.

A défaut d'entente collective régionale ou d'accord particulier entre le concessionnaire et ses ouvriers, il sera, après avis donné par le concessionnaire à l'Ingénieur des Mines, procédé comme suit :

Une commission mixte sera organisée, comprenant trois membres titulaires, avec trois membres suppléants, désignés par l'exploitant, et trois membres titulaires, avec trois membres suppléants, élus par les ouvriers de la mine et de ses établissements annexes à la suite d'un vote émis dans les conditions prévues par la loi du 29 juin 1894 pour l'élection des Anciens des Caisses Minières de Secours et de Retraites.

Si l'entente pour l'adoption d'un bordereau des salaires minima ne peut s'établir en Commission mixte entre les représentants du concessionnaire et ceux des ouvriers, le concessionnaire devra en aviser l'Ingénieur en chef des Mines. Il sera statué dans ce cas par une Commission arbitrale composée des membres de la Commission mixte et de trois membres nouveaux. Ceux-ci seront désignés par la Commission mixte ou, si l'accord ne peut s'établir entre les membres de la Commission mixte pour la désignation de ces trois membres, par la Section permanente du Comité consultatif des Mines.

La Commission mixte ou la Commission arbitrale qui arrêtera un bordereau des salaires minima fixera également la durée de la validité de ce bordereau.

Le concessionnaire devra porter à la connaissance des intéressés, par voie d'affiches, les décisions de la Commission mixte ou de la Commission arbitrale. Il devra communiquer aux membres de la Commission mixte les documents leur permettant de vérifier que ces décisions sont respectées.

Article 29bis. — En conformité de l'article 7 de la loi du 30 janvier 1923, le concessionnaire devra réserver, dans les conditions stipulées au tableau annexé au présent cahier des charges, un certain nombre d'emplois aux invalides de guerre.

Article 30. — En cas de non-renouvellement de la concession, si, au moment où cesse pour lui le droit d'exploiter la mine, le concessionnaire possède d'autre part une usine traitant ou consommant les substances extraites de la concession ou s'il dispose de la majorité des actions d'une Société possédant une telle usine, et si, au cours des quinze dernières années précédant le terme de la concession plus de la moitié des substances provenant de ladite concession étaient absorbées par cette usine, un droit de préemption sera établi, pour l'alimentation de celle-ci, sur les substances extraites, jusqu'à concurrence d'un tonnage au plus égal à la moyenne des livraisons pendant les quinze dernières années, sans toutefois que l'exercice de ce droit puisse porter, chaque année, sur plus de la moitié du tonnage extrait.

Ce droit de préemption ne pourra être exercé par l'usinier que pendant une période de temps égale à celle dont la mise en marche de l'usine ou son acquisition par le concessionnaire primitif aura précédé le terme de la concession, sans que cette période puisse excéder dix années.

L'usinier sera tenu de faire connaître ses intentions, au sujet de l'exercice de ce droit, au moins cinq ans avant l'expiration de la concession ; il ne pourra renoncer complètement ou partiellement à en faire usage qu'autant qu'il en aura prévenu le nouvel exploitant au moins cinq ans à l'avance.

Sauf conventions contraires, il ne pourra exiger, parmi les qualités produites, une qualité supérieure à la qualité moyenne des livraisons faites par la mine à l'usine au cours des dix dernières années de la concession.

Sous la même réserve, le prix sera basé sur le prix normal du marché pour des substances de même composition, compte tenu des frais de transport à l'usine.

Article 31. — En cas de désaccord entre l'Administration et le concessionnaire sur l'application des articles 3, 6, 7, 8, 9, 11 et 12 du présent cahier des charges, le litige sera soumis, avant qu'il y soit statué par la juridiction administrative, à l'examen d'une Commission composée de trois membres : le premier désigné par l'Etat et choisi parmi les Ingénieurs des Mines, le second désigné par le concessionnaire, le troisième désigné d'un commun accord par les deux premiers ou, à défaut d'entente entre eux, par le Président du Tribunal compétent en matière de contentieux administratif dans le départememt où est situé le siège de l'exploitation, à la requête de la partie la plus diligente.

Cette Commission doit formuler son avis, par un rapport motivé, dans le délai de deux mois après sa constitution.

Article 32. — Les frais de timbre et d'enregistrement du présent cahier des charges seront supportés par le concessionnaire.

Le Ministre des Travaux publics, *Le Concessionnaire,*

Décret du 31 août 1920
réglementant l'instruction des demandes en concession de mines.

(Texte des articles introduits par le décret du 10 août 1923.)

Article 2. — Toute demande en concession de mines est adressée sur papier timbré au Préfet du département.

La demande indique :

1° Les nom, prénoms, qualités, nationalité et domicile du demandeur et, si la demande est faite au nom d'une Société, les noms, qualités et nationalité des personnes visées à l'article 2 du Cahier des charges-type des concessions de mines (président et membres du Conseil d'Administration, Administrateurs-délégués et Commissaires des comptes pour les Sociétés anonymes, gérants et membres du Conseil de surveillance pour les Sociétés en commandite par actions, tous associés pour les Sociétés en nom collectif, directeurs ayant la signature sociale pour toutes Sociétés) ;

2° La nature des substances qui feront l'objet de la concession ;

3° Les limites précises et l'étendue du périmètre sollicité, ainsi que les communes sur lesquelles il porte ;

4° L'indemnité offerte aux propriétaires des terrains à titre de redevance tréfoncière ;

5° L'indemnité d'inventeur que le demandeur réclame, soit que la concession lui soit accordée, soit que sa demande soit rejetée ou l'indemnité qu'il offre de verser à l'inventeur dans le cas où il obtiendrait la concession ;

6° Les concessions que le demandeur détient déjà à titre de concessionnaire ou d'amodiataire et qui portent sur des substances de même nature que celles visées dans la demande, en vue de leur réunion à la concession nouvelle ou de leur fusion avec ladite concession.

La demande mentionne également si le particulier ou la Société qui la forme entend exploiter personnellement la concession ou se substituer une Société spéciale à cet effet.

A la demande sont annexées les pièces suivantes :

1° Un extrait de la carte au 1/80.000e de la région où la concession est sollicitée ;

2° Un plan du périmètre sollicité, établi dans les conditions indiquées à l'article suivant ;

3° Un mémoire exposant les travaux de recherches effectués, ainsi que leurs résultats ;

4° Tous documents de nature à justifier de l'aptitude du demandeur, au point de vue technique et financier, à entreprendre et à conduire les travaux d'aménagement et d'exploitation, ainsi que des moyens dont il dispose pour satisfaire aux redevances et indemnités qui lui seront imposées par l'acte de concession ;

5° Les justifications des garanties de nationalité imposées par l'article 2 du Cahier des charges-type des concessions de mines ;

6° Si la demande est faite au nom d'une Société, un exemplaire des statuts, une expédition de l'acte de constitution de la Société, ainsi que les pouvoirs de la personne qui introduit la demande.

Article 3. — Le plan, signé du demandeur et produit en triple expédition, est établi dans de bonnes conditions de solidité ; il est dressé à l'échelle de 10 millimètres par 100 mètres et orienté à la manière des cartes géographiques, c'est-à-dire le Nord vrai au haut de la feuille et la ligne méridienne parallèle à l'un des côtés latéraux. Il indique d'une manière très nette les sommets du périmètre sollicité, ses limites, les points géographiques qui servent à les définir et les limites des communes sur lesquelles s'étend ce périmètre. Pour les demandes en concession, soit de mines de sel, soit de sources et puits d'eau salée, il est fourni une quatrième expédition destinée au Ministre des Finances.

Pour les demandes en concession de sources et puits d'eau salée, le plan est établi à l'échelle de 50 millimètres pour 100 mètres et indique l'emplacement de la source ou du puits et sa situation par rapport aux habitations, routes et chemins.

Article 4. — Le Préfet fait enregistrer la demande en concession sur un registre spécial et en donne récépissé au requérant ; il la transmet avec les pièces jointes à l'Ingénieur en Chef des Mines. Celui-ci vérifie si la demande satisfait aux prescriptions des deux articles précédents et si, en conséquence, elle est régulière en la forme, il la fait rectifier ou compléter, le cas échéant. Il la retourne ensuite au Préfet avec ses propositions motivées pour la mise à l'enquête prévue à l'article 5.

Si l'Ingénieur en Chef estime que la demande, tout en étant régulière en la forme, n'est pas recevable comme portant sur des substances qui ne peuvent pas faire l'objet d'une concession ou qui sont comprises dans le périmètre d'une mine déjà concédée de mêmes substances, il en est référé au Ministre des Travaux Publics, qui décide s'il y a lieu de mettre la demande à l'enquête.

Article 5. — La demande en concession est soumise à une enquête d'une durée de deux mois. Par les soins du Préfet, un avis au public faisant connaître la demande en concession et l'ouverture de l'enquête est affiché pendant toute la durée de l'enquête au chef-lieu du département, à celui de l'arrondissement et dans toutes les communes sur lesquelles porte la demande, ainsi qu'au lieu du domicile du demandeur.

Il est, en outre, pendant la même durée, inséré deux fois et à un mois d'intervalle dans un journal du département et au *Journal Officiel*.

Pendant la durée de l'enquête, la demande et ses annexes restent déposées à la Préfecture où le public peut en prendre connaissance.

Il est justifié de l'affichage de l'avis au public dans chaque commune par un certificat signé du Maire, et de l'insertion de cet avis dans les journaux, par la production d'un exemplaire de chacun des numéros de journal où l'avis a été inséré.

Les frais d'affiches et d'insertion dans les journaux sont à la charge du demandeur.

Article 6. — Lorsque l'enquête est close, le Préfet, après avoir, pour les demandes en concession de mines de sel, pris l'avis du Directeur des Contributions indirectes ou du Directeur des Douanes, selon les cas, communique le dossier à l'Ingénieur en Chef des Mines. Celui-ci fait procéder tant à la visite des travaux de recherche effectués et à la vérification des plans qu'à l'établissement d'un rapport sur la demande par l'Ingénieur ordinaire des Mines et il retourne le dossier, en y joignant son avis, au Préfet qui le soumet au Ministre des Travaux Publics avec son propre avis.

Le Ministre des Travaux Publics, après avoir consulté le Conseil Général des Mines et, s'il s'agit de demandes en concession de mines de sel, de sources ou de puits d'eau salée, le Ministre des Finances, soumet au Conseil d'Etat, en se conformant aux prescriptions de l'article 9 ci-dessous, un projet de décret tendant soit à l'octroi de la concession sollicitée, soit au rejet de la demande. Dans le premier cas, il est annexé au projet de décret un Cahier des charges conforme au modèle approuvé par le décret du 21 avril 1920, modifié par celui du 28 mai 1923, ledit Cahier des charges accepté et signé du demandeur.

ARTICLE 7. — Les demandes en concurrence ne peuvent être introduites que dans les formes prescrites par les articles 2 et 3 du présent décret et elles sont soumises à l'enquête et à l'instruction prévues par les articles 4 et 5.

Les oppositions qui se produisent avant la clôture de l'enquête sont notifiées par acte extrajudiciaire au Préfet qui les fait enregistrer sur le registre spécial prévu à l'article 4, et les verse aussitôt au dossier de l'enquête. Sont également jointes à ce dossier les notifications des demandes en concurrence.

Après la clôture de l'enquête et pendant un délai de six mois, les oppositions peuvent être encore formées devant le Ministre des Travaux Publics à qui elles sont notifiées de la manière indiquée au paragraphe précédent. Pendant le même délai, les demandes en concurrence peuvent également être encore introduites devant le Préfet dans les formes ci-dessus spécifiées.

Passé ce délai, il n'est plus reçu ni opposition, ni demande en concurrence.

Le public est prévenu de la date de l'expiration de ce délai par un avis inséré aux frais du demandeur dans un journal du département et au *Journal Officiel* dès la clôture de l'enquête.

Toutes les oppositions et demandes en concurrence sont notifiées par acte extrajudiciaire aux parties intéressées par leur auteurs.

ARTICLE 8. — Si la demande en concession porte sur plusieurs départements, elle est adressée, avec toutes les pièces énumérées à l'article 2 du présent décret, au Préfet du département dans lequel le demandeur compte établir le siège principal de son exploitation. Le demandeur soumet aux autres Préfets une copie de sa demande et le double des pièces indiquées sous les N°s 1, 2 et 3 de ladite énumération. Les Préfets des départements intéressés, après avoir entendu les Ingénieurs en chef, se concertent pour prescrire l'ouverture de l'enquête dans leurs départements respectifs.

Après la clôture de l'enquête, il est procédé par chacun d'eux comme il est dit à l'article 6 ci-dessus.

ARTICLE 9. — Il est statué sur la demande en concession dans un délai de douze mois à dater de la clôture de l'enquête s'il n'a été formé aucune demande en concurrence et dans un délai de dix-huit mois s'il a été présenté une ou plusieurs demandes concurrentes.

Le Conseil d'État est saisi par le Ministre des Travaux Publics au plus tard trois mois avant l'expiration des délais ci-dessus.

Le demandeur en concession peut, après la clôture de l'enquête et au plus tard avant la fin du sixième mois suivant cette clôture, solliciter un sursis à statuer. Ce sursis est accordé ou refusé par une décision du Ministre des Travaux Publics, prise après avis du Conseil Général des Mines.

S'il est accordé, les délais indiqués au paragraphe premier du présent article sont augmentés de la durée du sursis.

ARTICLE 10. — Le décret instituant une concession de mines et le cahier des charges qui y est annexé sont publiés au *Journal Officiel* et insérés au *Bulletin des Lois*.

Le décret est en outre affiché, par les soins du Préfet, aux frais du concessionnaire, dans chacune des communes sur lesquelles porte la concession.

Les originaux du décret et du cahier des charges sont conservés aux Archives du Ministère des Travaux Publics et une expédition en est déposée à la Direction des Mines.

Des ampliations en sont adressées au Préfet et à l'Ingénieur en chef des Mines.

Une des expéditions du plan est conservée avec les originaux du décret et du cahier des charges aux Archives du Ministère des Travaux Publics, la seconde est déposée à la Direction des Mines et la troisième est adressée au Préfet, pour les Archives de la Préfecture.

S'il s'agit d'une concession de mines de sel, de source ou de puits d'eau salée, une ampliation du décret et du cahier des charges et la quatrième expédition du plan sont adressées au Ministre des Finances.

Article 11. — Au cas où une demande en concession a été enregistrée antérieurement à l'ouverture de l'enquête sur un projet d'exploitation d'Etat portant en totalité ou en partie sur le même périmètre et les mêmes substances, l'instruction de cette demande est poursuivie dans les conditions prescrites aux articles précédents, mais les délais prévus au paragraphe premier de l'article 9 sont prorogés et il n'est statué sur la demande de concession qu'après qu'il a été statué sur le projet d'instituer une exploitation d'Etat ou après que ce projet a fait l'objet d'un retrait.

Il en est de même pour les demandes qui, étant présentées après l'ouverture de l'enquête sur le projet d'institution d'une exploitation d'Etat, sont en concurrence avec une demande de concession formée dans les conditions du paragraphe précédent.

Toutes autres demandes présentées postérieurement à l'ouverture de l'enquête sont enregistrées, mais il est sursis à leur instruction jusqu'à ce qu'il ait été statué sur le projet d'instituer une exploitation d'Etat ou après que ce projet a fait l'objet d'un retrait.

Décret du 5 juillet 1921

relatif au **contrôle financier des concessions de mines.**

(Introduit par le décret du 10 août 1923).

Article premier. — Le contrôle financier des exploitations minières est assuré dans les conditions fixées par le Cahier des charges-type des concessions minières approuvé par décret du 21 avril 1920 et notamment par les articles 6, 7, 8, 9, 21, 22, 23 et 26 de ce Cahier des charges-type.

Article 2. — La Commission de vérification des comptes des exploitations minières prévue à l'article 26 du Cahier des charges-type sera composée ainsi qu'il suit :

2 Conseillers d'Etat dont l'un sera désigné comme président ;

3 membres désignés par le Ministre des Finances ;

2 membres désignés par le Ministre des Travaux Publics ;

Les Inspecteurs généraux des Mines chargés d'une division pour l'examen des Comptes des Exploitations minières faisant partie de leur division.

La Commission ne peut délibérer que si 5 membres au moins sont présents. La voix du Président est prépondérante en cas de partage.

Sont adjoints à la Commission, avec voix délibérative : 1 maître des requêtes au Conseil d'Etat, secrétaire ; avec voix consultative : 2 auditeurs au Conseil d'Etat, secrétaires-adjoints rapporteurs.

Article 3. — Le Ministre des Travaux Publics et le Ministre des Finances sont chargés, chacun en ce qui le concerne, de l'exécution du présent décret qui sera publié au *Journal Officiel* et inséré au *Bulletin des Lois*.

Fait à Paris, le 5 juillet 1921.

A. MILLERAND.

Par le Président de la République :

Le Ministre des Travaux Publics,
Yves LE TROCQUER.

Le Ministre des Finances,
Paul DOUMER.

Décret du 14 octobre 1919
portant **réorganisation du Comité Consultatif des Mines.**

ARTICLE PREMIER. — Le Comité Consultatif des Mines est obligatoirement appelé par le Ministre chargé des Mines, à délibérer :

1° Sur tous les projets de loi intéressant les Mines ;

2° Sur les conditions des cahiers des charges-types des concessions de mines et leurs modifications ;

3° Sur les règlements généraux relatifs à l'exploitation des mines, des minières et des carrières ;

4° Sur les programmes de travaux de recherches de mines à entreprendre par l'Etat ;

5° Sur les programmes d'exploitation de mines par l'Etat dans les conditions de l'article 1er de la loi du 9 septembre 1919 (1) ;

6° Sur les conventions portant acquisition, cession ou amodiation d'une concession de mines par l'Etat, au département ou une commune.

Le Comité Consultatif des Mines donne, en outre, son avis sur toutes les questions qui lui sont renvoyées par le Ministre chargé des Mines et qui comprennent notamment les questions générales d'ordre juridique, technique, financier, économique ou social intéressant les mines, les minières et les carrières, ainsi que les mesures à prendre pour intensifier les recherches minières et pour développer et coordonner l'exploitation ou l'utilisation des ressources du sous-sol.

Le Comité Consultatif des Mines peut, enfin, émettre des vœux et formuler des propositions sur toutes les questions et mesures énumérées au paragraphe précédent.

ARTICLE 2. — Indépendamment des 5 sénateurs et des 7 députés élus en exécution du 3e alinéa de l'article 3 de la loi du 9 septembre 1919 (2), le Comité Consultatif des Mines comprend les membres suivants :

A. *Membres de droit.* — 1° Le Ministre chargé des Mines, Président du Comité ;

2° Les Conseillers d'Etat en service ordinaire de la section des Travaux Publics au Conseil d'Etat ;

3° Les Inspecteurs Généraux des Mines, membres du Conseil Général des Mines ;

4° Le Directeur des Mines au Ministère chargé des Mines ;

5° Le Directeur de l'Ecole Nationale Supérieure des Mines et le Directeur du Service de la Carte géologique de France ;

B. *Membres élus.* — 6° Neuf représentants des exploitants des mines et neuf représentants du personnel ouvrier des mines, élus pour quatre ans,

(1) Voir page 37.
(2) Voir page 40.

conformément aux dispositions du décret susvisé du 31 mars 1914, portant règlement d'administration publique pour l'exécution de la loi du 25 février 1914, relatif aux élections du Conseil d'administration de la Caisse autonome des retraites des ouvriers mineurs ; toutefois, le nombre des membres élus dans chaque circonscription sera de trois et le Ministre chargé des Mines exercera les attributions conférées par ledit décret au Ministre du Travail et de la Prévoyance sociale ;

C. *Membres nommés pour quatre ans par le Ministre chargé des Mines.* — 7° Neuf membres du Sénat ou de la Chambre des Députés, désignés à raison de leurs aptitudes ou de leurs fonctions actuelles ou anciennes ;

D. *Membres des administrations publiques intéressées.* — 8° Deux représentants du Ministère des Finances ;

9° Un représentant du Ministère du Travail et de la Prévoyance sociale ;

10° Un représentant du Ministère du Commerce et de l'Industrie ;

11° Un représentant du Ministère des Affaires étrangères ;

12° Un représentant du Gouvernement Général de l'Algérie.

Les membres désignés aux n°s 8 et 12 peuvent, avec l'agrément du Vice-Président du Comité, se faire remplacer au Comité par des membres suppléants.

Des représentants des autres départements ministériels sont appelés par le Président du Comité à prendre part aux délibérations du Comité avec voix consultative, dans les affaires intéressant leur Ministère.

Un Vice-Président est nommé pour deux ans par arrêté du ministre chargé des Mines, pour présider les séances du Comité en l'absence du Ministre et pour assurer le fonctionnement du Comité.

Le Secrétaire du Conseil Général des Mines remplit les fonctions de Secrétaire du Comité avec voix délibérative. Le Ministre chargé des Mines peut nommer des secrétaires adjoints qui siègent au Comité avec voix consultative.

Article 3. — Il est constitué au sein du Comité Consultatif des Mines une section permanente, qui est ainsi composée :

1° Les Conseillers d'État en service ordinaire de la section des Travaux Publics au Conseil d'État ;

2° Les Inspecteurs Généraux des Mines, membres du Conseil Général des Mines ;

3° Le Directeur des Mines au Ministère chargé des Mines ;

4° Six membres désignés par le Comité, savoir un sénateur, un député, deux représentants des exploitants de mines et deux représentants du personnel ouvrier des mines.

Les représentants des exploitants ou du personnel ouvrier, empêchés d'assister à une séance de la section, peuvent s'y faire remplacer par un autre membre du Comité appartenant à la même catégorie.

Un Président et un Vice-Président sont nommés pour deux ans par arrêté du Ministre chargé des Mines pour présider les séances de la section permanente et assurer son fonctionnement.

Le Secrétaire du Comité Consultatif des Mines est Secrétaire de la section permanente avec voix délibérative. Les Secrétaires adjoints du Comité assistent aux séances de la section permanente avec voix consultative.

Le Président de la section permanente peut appeler d'office, ou sur leur demande, des membres du Comité Consultatif des Mines, qui ne sont pas membres de la section, à y siéger avec voix consultative, pour l'étude d'une affaire déterminée, à raison de leur compétence spéciale.

Article 4. — Le Comité Consultatif des Mines et sa section permanente fonctionnent conformément à un règlement intérieur arrêté par le Comité.

Le Comité Consultatif des Mines peut donner délégation à sa section permanente pour délibérer en son nom sur des affaires déterminées, préalablement inscrites à l'ordre du jour du Comité.

Les autres affaires ne sont soumises au Comité qu'après avoir été examinées d'abord par la section permanente. Un projet d'avis motivé, adopté par la section, est distribué aux membres du Comité avant la séance.

Avant d'être soumise aux délibérations de la section permanente, toute affaire est étudiée par un rapporteur désigné par le Président de la section et choisi parmi les membres de la section ou parmi les secrétaires-adjoints du Comité.

Le Comité Consultatif des Mines se réunit sur la convocation de son Président ou de son Vice-Président. La section permanente se réunit sur la convocation de son Président.

Toute affaire soumise aux délibérations du Comité Consultatif des Mines donne lieu à un avis motivé, transmis au Ministre chargé des Mines.

Article 5. — Le Règlement d'administration publique prévu par l'article 6 de la loi du 9 septembre 1919 pour l'application de ladite loi à l'Algérie, déterminera les conditions dans lesquelles le Comité Consultatif exercera, en ce qui concerne l'Algérie, les attributions qui lui sont dévolues.

Article 6. — Pour la constitution initiale du Comité Consultatif des Mines, les exploitants de mines et les ouvriers mineurs appelés à siéger au Comité seront nommés par le Ministre chargé des Mines sur la désignation des organisations syndicales existantes.

La durée de leur mandat sera fixée par arrêté du Ministre chargé des Mines, sans que cette durée puisse excéder 4 ans.

Décret du 25 juillet 1922

modifiant la **composition du Comité Consultatif des Mines.**

Article 1er — Le nombre des représentants des exploitants de mines et des représentants du personnel ouvrier des mines au Comité consultatif des mines, fixé à 9, pour chacune de ces deux catégories, par l'article 2 du décret susvisé du 14 octobre 1919 (1), est porté à 11 en vue d'y comprendre des représentants de ces catégories pour les départements du Bas-Rhin, du Haut-Rhin et de la Moselle.

Article 2. — A titre transitoire et tant que la loi du 25 février 1914 ne sera pas appliquée dans les départements du Bas-Rhin, du Haut-Rhin et de la Moselle, les deux exploitants de mines et deux ouvriers mineurs appelés à siéger au comité en qualité de représentants de ces deux catégories pour les départements ci-dessus désignés seront nommés dans les conditions prévues par l'art. 6 du décret du 14 octobre 1919.

Article 3 de la loi du 16 décembre 1922

relative à la **recherche du pétrole et des gaz combustibles** (2).

Les explorateurs ont le droit de disposer librement des hydrocarbures ou gaz combustibles extraits de leurs recherches, moyennant le payement d'une taxe de 10 % de la valeur des produits bruts, fixée par évaluation administrative.

(1) Voir page 56.

(2) C'est la loi du 16 décembre 1922 qui a introduit l'article 10[2] et modifié l'article 16 de la loi du 21 avril 1810 sur les mines (voir ci-dessus page 35).

Cette taxe de 10 % est répartie de la façon suivante :

Part de l'Etat . . . . 7,50 %
Part du département . 1,25 %
Part des communes . . 1,25 %

Le défaut de payement de la taxe entraîne pour le permissionnaire la déchéance du droit de disposer des produits.

N. B. *Cet article n'a pas été jusqu'ici introduit en Alsace et en Lorraine.*

Décret du 14 août 1923

réglementant l'**instruction des demandes en octroi de permis exclusif de recherches du pétrole et des gaz combustibles.**

ARTICLE 1er. — L'instruction des demandes en octroi de permis exclusif de recherches de pétrole et de gaz combustibles est soumise aux dispositions suivantes :

ARTICLE 2. — La demande est adressée sur papier timbré au préfet du département.

Elle indique :

1° Les nom, prénoms, qualités, nationalité et domicile du demandeur et, si la demande est faite au nom d'une société, le siège social de celle-ci et les nom, prénoms, qualités et nationalité des personnes ci-après : président et membres du conseil d'administration, administrateurs-délégués et commissaires des comptes pour les sociétés anonymes ; gérants et membres du conseil de surveillance pour les sociétés en commandite par actions ; trois associés pour les sociétés en nom collectif ; directeurs ayant la signature sociale pour toutes sociétés ;

2° Les limites précises et l'étendue du périmètre sollicité ainsi que les communes sur lesquelles il porte ;

3° La durée pour laquelle le permis exclusif de recherches est demandé ;

4° Les concessions d'hydrocarbures de toute nature que le demandeur détient déjà à titre de concessionnaire ou d'amodiataire, en spécifiant, s'il y a lieu, celles qui sont comprises en tout ou en partie dans le périmètre sollicité.

5° Les permis exclusifs de recherches dont il a déjà obtenu l'octroi.

ARTICLE 3. — A la demande sont annexées les pièces suivantes :

1° Un extrait de la carte au 1/80.000e de la région où le permis est sollicité ;

2° Un plan du périmètre sollicité produit en triple exemplaire, établi dans de bonnes conditions de solidité, dressé à l'échelle de dix millimètres pour 100 mètres et orienté à la manière des cartes géographiques, c'est-à-dire le Nord vrai en haut de la feuille et la ligne méridienne parallèle à l'un des côtés latéraux. Ce plan doit indiquer d'une manière très nette les sommets du périmètre sollicité, ses limites, les points géographiques qui servent à les définir, les limites des communes sur lesquelles s'étend ce périmètre et, le cas échéant, les limites des concessions de mines de toute nature comprises dans le périmètre ;

3° Tous documents de nature à justifier de l'aptitude du demandeur, au point de vue technique et financier, à entreprendre et à conduire les travaux de recherches, ainsi que des moyens dont il dispose pour satisfaire aux redevance et taxe prévues tant par l'article 10^2 de la loi du 21 avril 1810, modifié par l'article 2 de la loi du 16 décembre 1922 que par l'article 3 de cette dernière loi ;

4° Si la demande est faite au nom d'une Société, un exemplaire certifié des statuts, une expédition de l'acte de constitution de la société ainsi que les pouvoirs de la personne qui introduit la demande.

Toutefois, si le demandeur est titulaire d'une concession de mines d'hydrocarbures autres que le pétrole et les gaz combustibles englobant entièrement le périmètre sollicité, il n'a pas à fournir les documents indiqués au 3° ci-dessus.

Article 4. — Le préfet fait enregistrer la demande en octroi de permis exclusif de recherches sur le registre spécial, prévu à l'article 4 du décret du 31 août 1920, relatif aux demandes en concession de mines, et en donne récépissé ; il la transmet avec les pièces jointes à l'Ingénieur en chef des Mines. Celui-ci vérifie si la demande satisfait aux prescriptions des trois articles précédents et si, en conséquence, elle est régulière en la forme ; il la fait rectifier ou compléter le cas échéant. Il la retourne ensuite au préfet avec ses propositions motivées pour la mise à l'enquête prévue à l'article 5 ci-après.

Si l'Ingénieur en chef estime que la demande tout en étant régulière en la forme n'est pas recevable comme portant sur des terrains compris dans le périmètre d'une mine déjà concédée de pétrole ou gaz combustibles ou d'un permis exclusif de recherches déjà octroyé, il en est référé au Ministre des Travaux Publics, qui décide s'il y a lieu de mettre la demande à l'enquête.

Article 5. — La demande en octroi de permis exclusif de recherches est soumise à une enquête d'une durée d'un mois. Par les soins du Préfet, un avis au public, faisant connaître la demande et l'ouverture de l'enquête, est affiché au chef-lieu du département, à celui de l'arrondissement et dans toutes les communes sur lesquelles porte le périmètre sollicité ainsi qu'au lieu du domicile du demandeur.

Il est en outre, par les soins du Préfet, inséré dans un journal du département et au *Journal Officiel*.

Il est justifié de l'affichage de l'avis au public dans chaque commune par un certificat signé du maire, et de l'insertion de cet avis dans les journaux par la production d'exemplaires de ceux-ci.

Les frais d'affiches et d'insertion dans les journaux sont à la charge du demandeur.

L'enquête ne peut être ouverte qu'à l'expiration du délai d'un mois à dater de l'accomplissement des formalités prévues aux paragraphes précédents.

Pendant la durée de l'enquête, la demande et ses annexes restent déposées à la préfecture où le public peut en prendre connaissance.

Les observations à l'enquête peuvent être soit consignées au procès-verbal, soit présentées par lettre recommandée adressée au Préfet.

Article 6. — Lorsque l'enquête est close, le Préfet communique le dossier à l'Ingénieur en chef des Mines. Celui-ci fait procéder par les soins de l'Ingénieur ordinaire des Mines à la vérification des plans et à l'établissement d'un rapport sur la demande. Il retourne ensuite le dossier en y joignant son avis au Préfet qui le transmet, avec son propre avis, au Ministre des Travaux Publics.

Article 7. — Les demandes en concurrence ne peuvent être introduites que dans les formes prescrites par les articles 2 et 3 du présent décret, et elles sont soumises à l'enquête et à l'instruction prévues par les articles 4 et 5.

Elles doivent être formées devant le Préfet dans le délai d'un mois à partir de la clôture de l'enquête.

Il ne pourra être donné effet à celles qui seraient présentées après l'expiration de ce délai que dans le cas où la demande principale aura été rejetée.

Toutefois, si le demandeur en octroi d'un permis exclusif de recherches est déjà titulaire de concessions d'hydrocarbures autres que le pétrole et les gaz combustibles, instituées dans l'étendue du périmètre sollicité, il peut exercer le droit de préférence qui lui est accordé par le § 7 de l'article 10² de la loi du 21 avril 1810, modifié par l'article 2 de la loi du 16 décembre 1922, dans un délai de six mois à partir de la clôture de l'enquête.

Toutes les demandes en concurrence sont notifiées par leurs auteurs aux parties intéressées par lettre recommandée avec demande d'avis de réception. Cet avis ou, à défaut, le récépissé du dépôt accompagné de l'avis de la poste constatant que la lettre n'a pu être remise, est joint au dossier de l'enquête.

Article 8. — Si la demande en octroi de permis exclusif de recherches porte sur plusieurs départements, elle est adressée, avec toutes les pièces énumérées à l'article 3 du présent décret, au Préfet du département dans lequel le demandeur compte établir le siège principal de ses recherches.

Le demandeur soumet aux Préfets des autres départements une copie de sa demande et le double des plan et extrait de carte indiqués sous les numéros 1 et 2 de ladite énumération. Les Préfets des départements intéressés, après avoir entendu les Ingénieurs en chef des Mines, se concertent pour prescrire l'ouverture de l'enquête dans leurs départements respectifs.

Après la clôture de l'enquête, il est procédé par chacun d'eux comme il est dit à l'article 6 ci-dessus.

Article 9. — Il est statué sur la demande, par décret, après avis du Conseil Général des Mines, dans un délai de quatre mois à dater de la clôture de l'enquête ; ce délai est porté à dix mois si la demande porte sur des terrains compris dans le périmètre d'une concession déjà existante d'hydrocarbures autres que le pétrole ou les gaz combustibles.

Article 10. — Le décret octroyant un permis exclusif de recherches en fixe la durée. Il est publié au *Journal Officiel* et il est en outre affiché, par les soins du Préfet, dans chacune des communes sur lesquelles porte le permis. Les frais de cet affichage sont à la charge du titulaire du permis.

L'occupation des terrains nécessaires aux travaux à entreprendre par le titulaire du permis exclusif de recherches ne peut avoir lieu qu'en vertu de l'autorisation prévue par l'article 43 de la loi du 21 avril 1810.

Article 11. — Le titulaire du permis exclusif de recherches peut en demander la prolongation pour un laps de temps n'excédant pas une année.

La demande, appuyée d'un mémoire exposant les travaux de recherches effectués et leurs résultats, est adressée, sur papier timbré, au moins trois mois avant l'expiration du permis, à l'Ingénieur en chef des Mines qui en délivre récépissé et formule ses propositions.

Le dossier est transmis au Ministre des Travaux Publics par l'entremise du Préfet qui y joint son avis.

Il est statué par un arrêté du Ministre des Travaux Publics pris après avis du Conseil Général des Mines et publié par extrait au *Journal Officiel*.

Cet arrêté est en outre affiché aux frais du titulaire dans les conditions prévues à l'article 10 ci-dessus.

N. B. *Le décret ci-dessus n'a pas été jusqu'ici introduit en Alsace et en Lorraine.*

Loi du 27 avril 1838

ARTICLE 10 (*introduit par le décret du 24 décembre 1921*). — Dans tous les cas prévus par l'article 49 de la loi du 21 avril 1810, le retrait de la concession et l'adjudication de la mine ne pourront avoir lieu que suivant les formes prescrites par le même article 6 de la présente loi (1).

Décret du 23 octobre 1852 (2)

faisant défense à tout concessionnaire de mines de réunir sa ou ses concessions de même nature sans l'autorisation du Gouvernement (3).

LOUIS-NAPOLÉON, *Président de la République Française,*

Sur le rapport du Ministre des Travaux publics;

Vu les nombreuses réclamations adressées au Gouvernement contre les réunions de mines opérées sans autorisation administrative sur divers points du territoire;

Considérant que, dans certains cas, ces réunions sont de nature à porter un grave préjudice aux intérêts du commerce et de l'industrie;

Considérant dès lors qu'il est du devoir de l'autorité publique de s'y opposer;

Vu la loi du 21 avril 1810 sur les mines;

Vu l'article 6 de la Constitution;

---

(1) L'article 6 est rédigé comme suit :

A défaut de paiement dans le délai de deux mois, à dater de la sommation qui aura été faite, la mine sera réputée abandonnée; le ministre pourra prononcer le retrait de concession, sauf le recours au Roi en son Conseil d'Etat, par la voie contentieuse.

La décision du ministre sera notifiée aux concessionnaires déchus, publiée et affichée à la diligence du préfet.

L'administration pourra faire l'avance du montant des taxes dues par la concession abandonnée, jusqu'à ce qu'il ait été procédé à une concession nouvelle, ainsi qu'il sera dit ci-après.

A l'expiration du délai de recours, ou en cas de recours, après la notification de l'ordonnance confirmative de la décision du ministre, il sera procédé publiquement, par voie administrative, à l'adjudication de la mine abandonnée. Les concurrents seront tenus de justifier des facultés suffisantes pour satisfaire aux conditions imposées par le cahier des charges.

Celui des concurrents qui aura fait l'offre la plus favorable sera déclaré concessionnaire, et le prix de l'adjudication, déduction faite des sommes avancées par l'Etat, appartiendra au concessionnaire déchu ou à ses ayants droit. Ce prix, s'il y a lieu, sera distribué judiciairement et par ordre d'hypothèque.

Le concessionnaire déchu pourra, jusqu'au jour de l'adjudication, arrêter les effets de la dépossession en payant toutes les taxes arriérées et en consignant la somme qui sera jugée nécessaire pour sa quote-part dans les travaux qui resteront encore à exécuter.

S'il ne se présente aucun soumissionnaire, la mine restera à la disposition du domaine, libre et franche de toutes charges provenant du concessionnaire déchu. Celui-ci pourra, en ce cas, retirer les chevaux, machines et agrès qu'il aura attachés à l'exploitation, et qui pourront être séparés sans préjudice pour la mine, à la charge de payer toutes les taxes dues jusqu'à la dépossession, et sauf au domaine à retenir, à dire d'experts, les objets qu'il jugera utiles.

(2) Introduit par le décret du 24 décembre 1921.

(3) Voir ci-après, page 63, l'article 138 de la loi du 13 juillet 1911.

Article 1er. — Défense est faite à tout concessionnaire de mines, de quelque nature qu'elles soient, de réunir sa ou ses concessions à d'autres concessions de même nature, par association ou acquisition, ou de toute autre manière, sans l'autorisation du Gouvernement.

Article 2. — Tous actes de réunion, opérés en opposition à l'article précédent seront en conséquence considérés comme nuls et non avenus, et pourront donner lieu au retrait des concessions, sans préjudice des poursuites que les concessionnaires des mines réunies pourraient avoir encourues en vertu des articles 414 et 419 du Code pénal.

Décrète :

Sur le rapport du Ministre des Travaux publics, et de l'avis du Conseil des Ministres,

---

Loi du 13 juillet 1911

(Budget général de l'exercice 1911).

Autorisation des cessions et amodiations.

Article 138 (1). — Les mutations de propriété, sous quelque forme et à quelque titre que ce soit, et les amodiations de concessions minières par acte entre-vifs ne peuvent être effectuées que si elles ont été autorisées par un décret rendu sur avis conforme du Conseil d'Etat.

Tous actes faits en violation des dispositions du présent article sont nuls et de nul effet et peuvent donner lieu au retrait de la concession.

Le retrait de la concession fera l'objet d'un décret rendu en Conseil d'Etat.

(1) Introduit par le décret du 24 décembre 1921.

Imprimerie Lorraine, Metz, 14, rue des Clercs.

www.ingramcontent.com/pod-product-compliance
Ingram Content Group UK Ltd.
Pitfield, Milton Keynes, MK11 3LW, UK
UKHW020328220726
13923UKWH00003B/1445